2억 빛을 진 내게
☀우주님이 가르쳐준
돈 사용설명서

돈을 웃게 하라!

2억 빚을 진 내게
*우주님이 가르쳐준
돈 사용설명서

돈을 웃게 하라!

고이케 히로시 지음 | 아베 나오미 그림 | 이정환 옮김

🌲 나무생각

이게 무엇으로 보이는가?
1만 원짜리 지폐?

이 책을
읽으면

이것이

이것으로

바뀐다.

머리말 ———

나 고이케는 2억 원(2천만 엔)의 빚을 끌어안고 살다가
9년 만에 그 빚을 모두 변제했고, 그 후 소원을 하나씩
이뤄가면서 행복한 나날을 보내고 있다.
그렇다! 나는 '우주님'의 강력한 스파르타 교육을 통해서
멋지게 인생을 역전시켰다. 빚의 수렁 속에서 내가 받아들인
우주님의 힌트와 내가 실행했던 일들, 돈과 관련하여
내게 일어난 많은 변화들…. 그리고 뒤돌아보니 비로소
보였던 돈의 진실! 그 모든 내용들을 이제야 한 권의 책으로
정리하게 되었다.
"흐음, 나 정말 열심히 노력했구나."
글을 쓰면서 당시를 기억해내고 울컥한 적도 많았다.
"막연한 상태에서 어떻게든 해결책을 찾아보려고 매일
필사적으로 노력했는데, 사실 우주의 입장에서 보면 출구는
이미 분명하게 준비되어 있었던 거야."
이런 큰 깨달음도 있었다.
나의 최근 말버릇은 "인생은 기승전결이니, 마지막 단계인
웃음까지 잘 회수하자."이다. 마지막은 해피엔드여야 한다.

008

돈도 그렇다. 아무리 돈 때문에 고통스럽다고 해도 그 상황만을 잘라내어 판단해서는 안 된다.

내 이야기를 해보자면 대략 이런 순서다. 가게 운영 → 빚 → 우주로의 주문 → 빚 변제 → 회상 → 웃음!

물론 우주로의 주문도 단단한 각오가 필요했다. 빚을 모두 변제한 뒤에는 온 가족이 둘러앉아 지나온 시간을 회상했고, 마지막은 웃음으로 해피엔드를 맞았다.

이번 책의 무대는 하와이다. 누구나 좋아하는 태양의 섬! 우주에는 이곳이 아닌 '다른 우주(평행우주)'에 또 다른 당신의 인생이 존재한다. 나의 '다른 우주'에는 빚을 갚지 못한 상태에서 고독하게 살아가는 나도 있다.

어떻게 살아갈 것인가 하는 문제는 결국 스스로가 결정하는 것이다. 이 이야기는 나 고이케의 또 다른 우주의 이야기다. 자, 이제 비밀스럽게 간직해두었던 돈과 관련된 이야기를 화끈하게 들려주겠다.

고이케 히로시

원하던 의류 판매점을 열었지만 결국 2억 원의
빚만 생겼다.(그중 6천만 원은 사채) 그러나
"10년 안에 빚을 다 갚겠다!"라고 우주에
주문을 하고 말버릇을 완전히 바꾸더니
마침내 모든 빚을 갚고 인생을 대역전시켰다.
이 책에는 빚을 모두 갚고 하와이로 이주한
평행우주 속 고이케가 등장한다.

우주님

고이케가 2억 원의 빚을 진 절망적 상태에서
"뭐든 할 테니까 제발 도와주십시오."라고
호소하자 우주로부터 찾아온 신비한 존재.
스파르타식 강력한 지도력으로 고이케의
부정적인 말버릇과 행동을 바꾸어 인생을
대역전시켜 주었다.

부탄(돈의 신)

돼지저금통 모습을 한 돈을 다스리는 신.
부탄의 몸통 내부에는 무한대로 펼쳐져 있는
풍요로운 우주가 존재한다. 지폐나 동전의
형태에서 끊임없이 모습을 바꾸어가는
돈의 본질과 에너지에 관하여 설명해주기 위해
고이케 앞에 나타난다.

미도리

우주 중매인 네트워크에 소속되어 있는
중매인. 결혼을 진심으로 주문한 사람에게
나타나 인연을 이어준다.

가라스덴구

까마귀 부리와 날개를 가진 수호신 중 한 명.
신사를 거점으로 돌아다니며 우주를 믿는
사람들에게 기적을 일으켜준다.

그 외 우정출연 있음!

"어이,
고이케!
이거
오랜만인데!"

프롤로그

나는 지금 하와이에서 무척 만족스런 생활을 보내고 있다.
물론 여기에서도 강연과 세미나를 통하여 많은 사람들에게
우주의 구조를 가르쳐주고 소원을 실현시키는 방법을
전수하고 있다.
세미나에 참가한 사람들과 함께 즐기는 바비큐와 해양
스포츠도 큰 즐거움 중 하나다. 일본에서는 체험할 수
없었던 가슴 설레는 일들을 끝없이 발견해나가는 내 인생의
후반전은 그야말로 한여름이다. 일과 놀이의 경계도 없이
매일 풀가동이지만 이상하게 여유가 있다.

그러던 어느 날, 해변을 걷다가 문득 모래에 절반쯤 파묻힌
핑크색 물체를 발견했다.
"이게 뭐지?"
허리를 굽히고 집어 들려고 한 순간, 도자기 같은 그 물체가
갑자기 "영차!" 하면서 모래에서 얼굴을 쑥 내밀었다.
"고이케 님, 많이 밝아졌네요."
"응? 누구…?"
"뭐예요? 그사이 나를 잊어버린 거예요? 이거 섭섭한데요.

나예요! 돈의 신 부탄이라고요."

"응? 돈의 신? 아무리 보아도 그냥 돼지저금통인데…."

"정말 그렇게 보여요?"

"아, 아닌가?"

"잘 봐요, 나 돈의 신이라고요, 돈의 신!"

놀라는 나를 무시하고 돼지저금통은 말을 이어갔다.

"돈의 신이라고 해서 꼭 돈의 모습을 하고 있으라는 법은
없죠. 애당초 돈이 지폐나 동전 같은 모습이어야 한다는
법도 없는 것이고. 게다가 지금은 통장에 찍힌 숫자나
디지털 데이터 등으로 옮겨 다니면서 돈 자체도 물질적인
존재에서 벗어나려 하고 있잖아요. 나도 마찬가지예요. 나는
저금통처럼 보이지만 저금통이 아니에요. 내 등에 열려 있는
문을 잘 보세요. 우주로 가는 입구예요."

그렇게 말하고 돼지저금통은 내게 등을 보여주었다.

"응? 등에 있는 문…? 돈을 넣는 이 구멍을 말하는 건가?"

"네. 하지만 여기로 들어가는 건 돈이 아니에요."

"응? 그럼 뭘 넣지?"

"사람들이 여기를 통해서 넣는 건 돈이지만

돈이 아니라고요."

"그럼 뭘 넣는다는…?"

"안을 잘 들여다보세요."

돈의 신 부탄이라고 주장하는 돼지저금통의 재촉을 받고

내가 저금통 구멍을 들여다보자…

으악!

"어이, 고이케!
이거
오랜만인데!"

구멍 안에서
거친 목소리가 들리더니,
내 몸이 그 안으로
휙 빨려 들어갔다.

저금통 구멍 안쪽으로는 놀랍게도 황금색 빛들이 쏟아지는 은하 같은 공간이 펼쳐져 있었다.

"우아! 이게 뭐야! 황금색 우주?"

그때 화려하게 춤을 추는 듯한 빛의 입자들과 뒤섞여 데굴데굴 굴러서 내 쪽으로 점점 가까이 다가오는 하얀 물체가 보였다. 쿵!

"짠!"

하얀 물체는 마치 착지라도 하듯 가볍게 멈추어 섰다.

그리운 우주님이었다!

"아, 우주님! 정말 오랜만입니다."

"히로시, 너도 드디어 이 공간을 볼 수 있게 되었구나. 대단해!"

"이 공간이라고요?"

"여기도 우주 공간의 하나야. '머니 필드money field'라고 부르지. 무한대로 펼쳐지는 돈들의 집단무의식이 모여 있는 곳이야! '풍요로운 우주'라고 표현하는 게 좋을까?"

"풍요로운 우주요?"

"그렇지. 안 그래, 부탄?"

"네, 맞습니다. 맞아요!"

부탄의 목소리가 우주 공간에 울려 퍼졌다.

"여기는 저금통 안… 아니, 부탄의 내부잖아요. 어쨌든
저금통은 돈을 저장해두는 그런 통인데, 그 안에 이런
공간이 있단 말인가요?"

"돈, 그릇, 물건에 한계가 있다고 떠드는 건 인간이 되기
위해 지구로 여행을 떠난 영혼들이 물질세계인 지구에
갇혀서 멋대로 생각하는 것일 뿐이야."

"인간이 멋대로 생각하는 것이라고요?"

"그래. 본래 우주는 무한대로 펼쳐져 있는 거야. 풍요로움도
무한대고, 가능성 역시 무한대야."

"저금통의 내부가 무한대의 세계라고요? 하지만 돈을
저금통에 넣을 경우 이 우주 공간과 이어져 있는 거라면
우리는 지금까지 대체 무엇을 저금한 거죠?"

"그렇지! 바로 그거야, 그거! 알겠어? 그게 핵심이라고!
이 저금통 안에는 두 가지의 흐름이 있어. 유한과 무한!
그중 어느 한쪽을 선택하는 건 너희 인간이야."

"두 가지의 흐름?"

"그래. '돈을 저금한다'고 생각하는 사람에게는 공간의
제한이 있는 단순한 저금통이 되겠지. 하지만 본래 돈을
저금하는 저금통이나 통장은 사실 무한대로 펼쳐지는
우주의 풍요로움과 연결되는 스위치야."
"우주의 풍요로움과 연결되면 어떻게 되는데요?"
"저금통에 넣은 돈이 열쇠 같은 역할을 해서 풍요로운
우주의 문을 열어주고, 그곳으로 우주에 존재하는 무한대의
풍요로움이 끝없이 흘러 들어오지."
"하지만 저금을 해도 우주의 풍요로움과 연결되지 않는
사람도 얼마든지 있잖아요."
나는 이해하기 어려웠다.
그러자 저금통 안에 부탄의 목소리가 울려 퍼졌다.
"바로 그거예요! 저는 늘 그게 가슴 아파요…. 풍요로움이
무한대라는 사실을 사람들이 깨닫고 그 마음으로 돈을
내 안에 넣어준다면 문이 열릴 텐데…. 대부분 '절약,
절약'이라고 말하면서 인상을 잔뜩 찌푸린 채 돈을
넣는다니까요. 그렇게 하면 저는… 유한대의 단순한 저금통
역할밖에 하지 못해요."

"고이케, 너도 저금통에 돈을 넣어봤겠지?"

"네, 그럼요. 당연히 해보았지요. 저금통에 돈을 넣는 게 재미있고 기분 좋아서 '아, 하와이, 하와이!', '아, 캠핑, 캠핑!' 하고 외치면서 저금을 하곤 했지요."

"그래, 그게 '무한'을 선택한 저축 방법이야. 역시 내 교육이 효과가 있었네."

"제 입장에서 돈을 저금한 것은 돈을 아껴서 모은다기보다 돈에 주문을 걸어 우주로 보내는 듯한 그런 이미지였어요. 우주님의 가르침 덕분이죠."

"그래, 바로 그거야. 동전 하나로도 무한대의 미래를 상상하면서 기분 좋게 저금을 하는 고이케! 너의 저금통에 저장되었던 건 단순한 돈이 아니었다는 거야."

"동전 한 개를 취급하는 방법이 풍요로움의 스위치와 연결된다는 거죠?"

"그렇지. 그리고 그 사실을 알았다면 이제 사람들에게 전달해야지. 이 무한대의 풍요로움과 연결될 수 있는 방법, 돈의 신과 연결될 수 있는 방법을!"

"사실 저는 그렇게 거창한 생각은 해본 적이 없습니다. 단지 돈을 웃는 얼굴로 만들려고 노력했을 뿐입니다. 돈이 웃을 수 있으면 좋겠다고 생각했죠."

그러자 우주님이 얼굴을 빛내며 말했다.

"바로 그거야! 돈을 웃게 한다! 그게 바로 돈을 믿고 풍요로움의 문을 여는 방법이야!"

"돈을 웃게 만든다! 정말 멋진 말이에요!"

부탄의 즐거운 목소리가 다시 울려 퍼졌다.

"이봐, 고이케, 오늘 당장 '머니 극장' 프로그램을 세미나에 추가해봐! 사람들에게 풍요로움과 연결될 수 있는 방법을 알려주는 거야."

"그, 극장이라뇨? 오늘 당장이요? 그건 너무 무모한⋯."

"무슨 말이야? 모든 것은 즉각적으로 행동으로 옮겨야 해. 그게 중요하지. 우주는 언제든지 준비가 갖추어져 있어. 봐! 이미 무대도 잘 갖추어져 있잖아."

"역시 우주님이군요. 좋아요. 그런데 '돈을 웃게 만든다'를 주제로 하니 마치 만담가들이 등장하는 극장 무대 같네요. KMG로 표현하면 어떨까요?"

"KMG? 부탄, 혹시⋯."

"네. 고이케(K) 머니(M) 극장(G)이죠."

"오, 멋진데! 부탄, 이거 잘될 것 같지 않아?"

둘은 한바탕 요란을 떤 뒤에 내게 말했다.

"좋아, 고이케! 지금 바로 시작하자!"

차례

4장 돈을 활짝 웃게 하라

5장 돈의 저주를 풀어라

1장

돈을 받들어
모시지 마라

머니극장

1

금전운이 좋은
사람의 대전제

고이케의 우주에는

'돈님'과 '인생님'이 살고 있었다.

고이케는 '인생님'을 소중하게 여기며 살았다.

늘 '인생님'이 무엇을 어떻게 하고 싶은지

그 의견을 존중하며 '돈님'과 함께 움직였다.

히로시의 우주에도

'돈님'과 '인생님'이 살고 있었다.

히로시는 '돈님'을 소중하게 여기며 살았다.

늘 '돈님'의 표정을 살피고 우러러 받들었다.

그러느라 '인생님'은 방치했다.

고이케의 우주에서는

'돈님'이 쉬지 않고 부지런히 움직였고

'인생님'은 고이케의 가족과 함께

여유 있고 행복한 시간을 보냈다.

히로시의 우주에서는
'돈님'이 제멋대로 행동하더니
결국 집을 나가버렸다.
남겨진 히로시와 '인생님'에게는
매일 빚쟁이들이 찾아왔다.

돈이 나를 좋아하게 할 수 없을까?
돈에게 사랑받고 싶어!

부자가 되고 싶다는 말인가요?
확실히 부자는 돈의 사랑을 받지요.
전제 조건이 잘못되어 있지만 않다면 말이죠.

전제 조건이라고?

부자의 비결은 단 하나야! '돈'과 자신의 '인생'을
대등하게 대한다는 거지! 저울에 올려놓았을 때, '돈'을
우선하는 사람 중에 진정한 부자는 없어!
우선 자신의 '인생'을 무엇보다 소중하게 여겨야 해!
스스로가 자신의 '인생'의 매니저가 되어
어떤 인생으로 만들어갈 것인지
프로듀스를 해야 한다는 거야.

중요한 것은
돈일까 인생일까

"돈이 있으면 인생이 행복할 텐데…."
"돈이 있으면 꿈을 이룰 수 있을 텐데…."
"돈이 없으면 내 인생은 끝이야."

돈에 관한 고민이 끊이지 않는 사람일수록 돈에 휘둘리
는 편이다. 이런 사람의 말을 들어보면 돈과 자신의 인생을
저울에 올려놓고 끊임없이 비교하는 것처럼 들린다.

돈이 있으면 행복하고 돈이 없으면 불행하다.

이런 식으로 인생보다 돈 쪽을 '강하고 거대한 존재'로
본다. 돈을 받들고 우러러보며, 두려움을 끌어안고 상대하는

경우가 많다.

하지만 이상하지 않은가? 내가 늘 전하고 있는 내용이지만 우리 각자에게는 하나 이상의 우주가 존재한다. 그 우주를 창조한 사람은 우리 자신이고 그 안에서는 우리 자신이 신이다. 그리고 우리의 세계에 존재하는 모든 것이 결국 우리 자신이다.

돈 역시 우리 자신이다.

그런데 돈에 휘둘리고 산다면 뭔가 이상하지 않은가?

나는 심리학을 공부하면서 그런 결과가 나오는 원인이 태어나면서부터 지금까지 쌓이고 쌓인, 돈이라는 존재에 대한 '착각'이라는 사실을 깨달았다.

나도 2억 원의 빚을 끌어안고 매일 눈물을 흘리며 보냈다. 돈 때문에 우울증까지 앓았던 그 당시에는 완전히 돈에 내 인생을 구속당하고 있었다. 그렇다. 당시는 나의 첫 번째 책 《2억 빚을 진 내게 우주님이 가르쳐준 운이 풀리는 말버릇》에서 여러분이 만난 '눈물콧물의 고이케' 상태였으니까.

"빚투성이 인생이라니, 앞으로 어떻게 될까?"

"아무리 열심히 일해도 돈은 들어오지 않아."

나는 이런 생각과 함께 매일 돈을 벌기 위해 고군분투했다. 그럼에도 빚을 해결할 수 없어 고민에 잠겨 있던 나날은 그야말로 돈에 인생을 구속당한 상태였다. 나 스스로 그렇게 생각하고 있었을 뿐이라는 사실을 나중에 알았지만, 당시로 서는 '돈이 없기 때문에 불행하다, 돈만 있으면 행복해질 수 있다.'고 믿어 의심치 않았다.

하지만 그 돈에 대한 감각이 완전히 바뀌는 사건이 발생 했다. 우주에 주문을 낸 것이다.

"10년 안에 빚을 모두 변제한다. 아니, 변제했다.

그리고 배우자를 만나고 좋은 가정을 꾸려

반드시 행복해진다. 아니, 행복해졌다!"

주문을 낸 이후에 우주님으로부터 힌트를 받아 행동으로 옮기기 시작한 뒤부터는 빚과 돈에 대한 감각이 완전히 바 뀌었고, 그 변화는 빚을 모두 갚기까지 계속되었다.

내가 깨달은 점은, 돈이 있다고 모든 게 해결되는 것은 아니라는 사실이다.

나는 돈이 없다는 것을 이유로 '행복한 인생'을

스스로 포기했던 것이다.

돈이 있든 없든, 고이케 히로시라는 이 '인생'을 행복하게

만들어야 한다.

그렇게 하는 데에 돈이 없다는 사실이 대체 어떤 의미가

있을까? 돈이 없다는 사실을 이유로 내세워 행복을 포기하고 싶지 않았다.

그런 강력한 결심이 형성되던 어느 날의 일을 나는 어제 일처럼 또렷하게 기억하고 있다.

나는 돈이 없다는 것이 행복한 인생을 선택할 수 없는 이유가 될 수는 없다고 마음먹었다. 반대로 생각해보면 이렇게 말할 수도 있다.

행복한 인생을 포기하고 있기 때문에

돈이 들어오지 않은 것이다.

모든 일은 반대로 생각해보면 해답이 보이는 경우가 많다.

당신은 당신의 우주와 인생의 최고 경영자인 CEO이자 매니저다. 행복한 인생을 끌어오기 위해 지금 내디뎌야 할 첫걸음은 무엇일까? 빚이 많다고? 지금 일이 뜻대로 풀리지 않는다고? 그게 어떻다는 것인가?

나는 반드시 행복해질 수 있다!

내가 나를 반드시 행복하게 만들 것이다!

그러니까 걱정 없다!

이런 대전제를 갖추고 돈을 상대해야 한다.

'돈이 없으니까'라는 이유는 일단 내던져버리고 지금부터 할 수 있는 일을 시작해보자. 그렇게 하면 '왜 자신이 돈이 없는 상황에 놓여 있었는지'도 보일 것이다.

인생과 돈은 저울에 올려놓고 비교할 수 있는 대상이 결코 아니다.

어떤 경우에도 당신의 '인생'이 최우선이 되어야 한다.

지금 돈에 얽매여 있는 상황에서 빠져나와 당당하게 얼굴을 들고 자세를 올바르게 정돈하라. 이것이 금전운을 상승시키는 첫 번째 조건이다.

돈을 목표로 삼을 경우
놓치기 쉬운 것

'돈을 손에 넣는다'를 목표로 삼으면 돈이 들어오지 않았을 경우에는 괴로워질 수밖에 없다. 돈에 대하여 어떤 의식을 가지고 있는가? 중요한 것은 '무엇이 목표인가'이며, 그 목표까지 도달하는 스토리다.

목표는 '돈'이 아니라 '돈을 사용하는 것'까지다.

그리고 마지막은 반드시 '해피엔드'여야 한다.

나는 나의 '인생'과 함께하는 대상인 '돈'에 경의와 애정을 담아 '돈님'이라고 부르지만, 우주가 보고 있는 것은 '돈'이 만들어가는 기승전결 스토리다. 그렇기 때문에 우선 자신이 어떻게 살고 싶은지, 어떤 '인생'을 만들고 싶은지를 생각해야 한다.

예를 들어 영화 스토리라면 "세계 일주 여행을 해서 나 자신에게도, 아내에게도, 아이들에게도 아름다운 세상을 보여주고 싶다!"라는 뚜렷한 목적이 있다. 그리고 그 목적을 위해 5천만 원을 열심히 모았다고 하자. 그래 놓고 "역시 여기에 이 돈을 다 쓸 수는 없어. 세계 일주는 포기해야겠어."라는 식의 흐름으로 갈까? 그런 일은 거의 없다. 시작 단계의 첫걸음이 있고, 우여곡절이 있고, 수중에 돈이 들어오고, 세계 일주를 떠나 가족이 모두 "아, 행복해!", "최고야!", "세상은 정말 아름다워!"라고 만족스러워하며 얼굴 가득 행복한 미소를 띠는 결말을 맞이한다.

주문을 하고, 돈을 손에 넣으면, 계획한 곳에 사용한다.

그 결과 웃는 얼굴이 탄생한다.

여기까지가 우주로 보내는 주문의 기승전결 한 세트다.

여행의 결말은 집으로 돌아올 때까지다. 돈도 그렇다. 사용했다고 끝이 아니라 마지막에 웃을 수 있는 것까지가 돈의 흐름이다. 반드시 한 세트로 생각해야 그 스토리는 완결되고 거기에서 활약한 '돈님'도 행복한 입자가 되어 우주 공간으로 돌아간다. 이후에는 어떻게 되냐고? 저절로 미소를 띠게 하는 그 즐거운 체험을 잊을 수 없어서 돈님이 다시 당신에게로 돌아올 것이다.

힘겨운 스토리로 보이는 경우도 마찬가지다.

내가 2억 원의 빚을 갚는 과정도 그렇다. 고민 끝에 우주에 주문을 보내고, 흐름이 바뀌면서 빚을 모두 변제했고, 사랑하는 가족과의 행복한 생활을 맛본 후, 그것이 책으로까지 만들어졌고, 내 이야기에 동의해주는 사람들이 생기면서 늘 미소를 잃지 않는 지금의 상태를 유지하게 된 것까지다. 이것이 한 세트다.

즉, 결말에 이르기까지는 반드시 행동을 지속해야 한다.

이것은 자신의 인생을 반드시 웃는 얼굴로 끝내겠다는 각오이기도 하다.

액면가 이상으로
돈을 사용하는 방법

이 책은 '돈에 대한 개념을 바꾸는 책'이다. 한마디로 '돈 사용설명서'다. 이 책을 통하여 나는 당신에게 이런 한 가지 제안을 하고 싶다.

당신의 눈앞에 놓여 있는 1만 원짜리 지폐를 오늘부터 '기대 티켓'이라고 생각하라.

돈은 사실 그런 존재다. 때로는 사용을 하면 무슨 일이 일어날지 알 수 없는, 깜짝 놀라 가슴이 덜컹 내려앉는 '미스터리 티켓'이 되기도 하고, 본 적도 없는 것을 보여주거나 동경하고 있던 무엇인가를 체험하게 해주는 '체험 티켓'이 되기도 한다. 또 누군가를 끝없이 기쁘게 해주는 '최고의 서비

스 티켓'이기도 하고, 저절로 웃음을 짓게 만드는 '웃음 티켓'이기도 하다.

당신의 돈은 앞으로 '당신만의, 당신을 최고로 즐겁게 해줄 수 있는 기대 티켓'이다.

사용하면 사용할수록 놀라운 일이 벌어지고, 미소가 그려지고 가슴이 설레는 '기대 티켓'이다. '미소 티켓', '깜짝 티켓' 등 이름이야 얼마든지 자유롭게 지을 수 있지만 사용할 때에는 반드시 스스로 행동하고 그 명목에 맞게 웃음과 즐거움, 설렘이 찾아올 수 있게 해야 한다.

사용 방법은 누구나 깜짝 놀랄 정도의 예상치 않은 방법이어야 한다.

**서프라이즈 파티를 진행하는 감각으로,
돈을 액면가 이상의 가치로 끌어올려야 한다.**

'돈님'으로 하여금 "1만 원을 이런 방법으로 사용한다고? 정말 멋진데!"라고 얼굴 가득 미소를 짓게 만드는 것이 내가 여러분과 함께 완성하고 싶은 '돈 사용 방법'이다.

같은 금액이라도 "그런 방법이 있었구나!" 하고 깜짝 놀랄 수 있는, 정말 즐겁게 사용하는 방법이 있다. 독창적이고 가슴 설레며 최고로 행복한, 그야말로 '돈이 웃을 수 있는' 사용 방법을 최선을 다해 생각하고 실행해야 한다.

돈을 웃게 만들 수 있다면 돈은 당신의 매력 넘치는 우주가 너무 마음에 들어 끊임없이 당신을 방문할 것이다. 너무 많은 돈들이 방문하기 때문에 길게 행렬이 이루어지는 경우도 있다!

머니극장

2

돈에도
성격이 있다

돈님이 언제 태어났는지는
아무도 모른다.
빛나는 우주에서 하나의 돈 세포가
분할되고 증가해서
세 가지 성격의 '돈님'이 탄생했다.

다른 사람에게서 빼앗으려 하고

순환시킬 생각이 없는 사람의 돈님은

깡패 같은 존재가 되어

한없이 난폭해질 뿐만 아니라

숙주의 손에 가만히 머물러 있지도 않는다.

반면, 누군가와 함께 돈을 즐기고
우주를 기쁘게 해주려는 사람의 돈님은
천사 같은 존재가 되고,
숙주에게 보다 많은 돈님들을 데려온다.

돈을 어디에 사용했는지, 어떤 변화가 있었는지

꼼꼼하게 확인하는 사람의 돈님은

학자 같은 존재가 되고,

보다 많은 돈님들을 숙주에게 데려온다.

돈에는 성격이 있어요.
그건 사용하는 사람에 의해 만들어지는 것이죠.

돈에 성격이 있다고? 아, 그러고 보니
가끔 뭔가 비꼬인 듯한 돈님이 있기는 했어.

너는 기본적으로 돈을 사랑하니까
네게 들어온 돈은 성격이 좋아.
물론 예전의 네 지갑에는
깡패 같은 난폭한 돈들만 넘쳤지만.

하하… 그렇긴 했죠. 깡패 같은 돈도,
겁쟁이 같은 돈도 있었어요!

돈도 생물이라 생각하고 대해야 해요.
자녀처럼, 연인처럼 소중하게 대하고
믿어줘야 하죠.
그래야 돈에 깃든 풍요의 에너지가
증폭되거든요.

돈은 대등한
관계를 원한다

돈에게는 감정도, 자유의지도 있다. 물론 성격도 있다. 내가 느끼는 것은 '돈님'이 기본적으로 치켜세워주는 것을 거북해한다는 것이다. 일방적으로 받들어지거나 공경을 받는 것이 아니라 어디까지나 '대등한' 관계를 원한다.

나는 늘 내게 찾아와준 돈님들과 대화를 하는데, 그들 입장에서의 기쁨은 자신이 누군가의 기쁨이 되는 것이다.

따라서 돈님에 대해서는 팀의 일원처럼 함께 움직인다는 의식이 갖추어져 있어야 가장 바람직하다. 나는 필요한 돈이 있으면 언제든지 돈님과 상담을 한다.

"돈님, 심리학 세미나를 개최하고 싶습니다. 그래서 일단 심리학 강좌를 들으며 공부하고 싶은데 어떻게 해야 돈님의 친구들이 나를 찾아와 함께 꿈을 이룰 수 있도록 움직이겠습니까?"

그렇게 상담을 하면 돈님은 눈을 빛내며 말한다.

"나를 그렇게 중요하게 대해주다니 기분이 너무 좋아! 내가 다른 돈님들을 모아볼 테니까 기다려봐. 너의 꿈? 당연히 이루어지지. 내게 맡기라고!"

그러고는 다른 많은 돈님들을 초대해준다.

"여기로 오면 너희도 고이케가 꿈을 이루게 도와줄 수 있어. 그건 정말 즐거운 일이라고!"라고 전 세계, 전 우주의 돈님들에게 순식간에 전달하는 것이다.

이것은 크라우드 펀딩crowd funding과 비슷할지도 모른다. 꿈을 실현하는 데에 필요한 돈과 그에 대한 리워드reward를 제시하면 많은 투자자들이 모여 당신을 도와주거나 필요한 돈을 투자해준다. 돈을 투자한 쪽은 프로젝트 실현을 지켜보면서 리워드를 기대하는 한편, 자신이 좋아하는 일에 도움을 줄 수 있었다는 사실에 기뻐한다. 거기에 돈이 모이면 얼마나 행복해질 수 있을지 생각하는 것이다.

사람들이 미소를 지을 수 있도록 돈을 사용하면 돈은 반드시 그 장소에 모여든다.

그러나 "돈이 필요해!", "돈이 최고야!", "무슨 일이 있어도 나는 돈을 벌어야 해!"라는 사고방식이 앞서면 돈은 모이지 않는다.

돈님은 치켜세워주는 것보다 함께 움직이는 것을 좋아하는 성실하고 정직한 성격을 갖춘 존재다.

돈님은 자신의 존재를 인정받고 당신이 꿈을 이루는 데 함께 참여함으로써 당신의 우주에 도움이 되고 싶어 한다. 그런 돈님의 마음을 소중하게 여겨야 한다.

풍요로운 사람이
돈을 즐겁게 만든다

돈은 자신을 기쁘게 해주는 사람 옆에 있고 싶어 한다. 물론 옆에 있고 싶어 해도 돈은 순환하고 증폭하는 존재이니 자유롭게 나가고 들어오지만 확실히 자신을 좋아하는 사람과 어울리려는 성질이 있다.

이렇게 말하면 누구나 "나도 돈을 좋아하는데."라고 생각할지 모른다. 하지만 언뜻 돈을 좋아하는 것처럼 보이거나 행복하게 돈을 사용하는 것처럼 보여도 마음속으로는 죄악감을 끌어안고 있는 사람들이 있다.

돈에 대해 부정적인 감정을 끌어안고 있으면

돈이 아무리 들어와도 부족하다고 느끼고,

갑자기 돈이 수중에서 사라져버리는 식의
이해하기 힘든 사태에 휘말리기도 한다.

당신이 돈에 대해 무의식중에 어떤 감정을 가지고 있는
지는 현실적인 상황이 말해준다.

만약 지금 당신이 '내 수중에는 늘 돈이 없다.'라고 생각
하고 있다면 그것이 돈에 대한 당신의 전제나 가치관이다.
당신에게 돈은 '없는 것', '사라지는 것'이라는 부정적인 감
정이 존재한다는 것이다.

설사 현실적인 상황이 그렇다고 해도 누구나 돈을 사랑
하고 돈으로부터 사랑받고 돈을 자유자재로 다룰 수 있는
사람이 될 수 있다. 돈도 우주의 에너지다. 그리고 알고 보면
배짱도 있고 도량도 큰 존재다.

'돈이 따라오는 습관'이나 '돈이 좋아하는 사람의 조건'
같은 문구를 흔히 볼 수 있다. 하지만 내가 느낀 대로 말하자
면 어디까지나 돈과 나는 대등한 관계다.

돈의 사랑이란 일방적으로 바라는 것도, 얻는 것도 아니다.
먼저 돈에게 말을 걸고 진심으로 존중하고 사랑해야 한다.
감탄하게 하고 즐겁게 하고 웃게 해주어야 한다.
그런 '능동적인 사랑'만이 당신의 금전운을 올려줄 것이다.

돈에 성격이 존재하는 이상, 그들과 기분 좋은 관계를 맺어야 한다. 그들은 당신의 꿈을 이루기 위해 함께 움직여주는 소중한 파트너이기 때문이다.

내 입장에서 볼 때 일상에서의 돈과의 관계는 그야말로 만나고, 헤어지고, 다시 만나는 '머니 극장'이다.

나는 내게 들어온 하나하나의 돈들을 기쁘게 맞이하고 다른 물질과 형태를 바꾸는 식의 교환을 통하여 떠나보낸다. 돈을 떠나보낼 때에는 위로와 사랑으로 가득 찬 이별 방법을 활용한다. 그리고 나중에 다시 기쁨의 재회를 한다.

나는 늘 그런 식으로 매일 드나드는 돈을 상대하고 있다. 돈과의 감동적인 이별, 사랑의 재회라는 말이 너무 허풍스럽다고? 당치 않은 말씀! 나의 머니 극장은 늘 드라마틱하다. 빚에 시달리던 암흑기를 경험한 나는 이 정도로 돈을 소중하게 생각하고 사랑으로 대했기 때문에 지금처럼 금전운이 올라간 것이라고 믿는다.

내 입장에서 보면 빚을 지고 있던 당시에도, 그리고 지금도 돈은 무척 사랑스러운 존재다.

물론 당신에게 실제로 1인극을 하라는 것은 아니다. 하지만 이런 의식을 가지고 돈을 상대하면 가장 먼저 행동에 변화가 나타난다. 돈을 보는 시선이 깊어지고 넓어진다. 그렇게 되면 정말로 필요한 곳에 멋지게 돈을 사용하게 된다.

당신은 지금 이 순간, 지갑에 얼마가 들어 있는지 즉시 대답할 수 있는가? 모른다고? 그렇다면 다시 지갑을 열고 당신의 소중한 돈들과 인사하라.

돈에 대한 당신의 의식은 그대로 금전운과 연결된다.

우선 돈이 주는 혜택을 작은 것부터 큰 것까지 모두 찾아내자. 거기에서부터 돈과의 러브 스토리가 시작된다.

돈은 사용하면
없어지는 것이
아니다

옛날 어떤 마을에
고이케 아저씨와 히로시 아저씨가 있었다.

하루는 고이케 아저씨가 산에서 빛나는 대나무를
발견하여 그것을 자르자 안에서 금화가 쏟아졌다.
고이케 아저씨는 즉시 그 돈으로 맛있는
복숭아를 사서 마을 사람들과 나누어 먹었다.

한편, 히로시 아저씨도 산에서

빛나는 대나무를 발견했다.

대나무를 자르자 역시 안에서 금화가 쏟아져 나왔다.

하지만 히로시 아저씨는 아무에게도 들키지 않도록

보자기에 금화를 싸서 집으로 가져왔고,

상자 안에 숨겨두었다.

후후후

10년 후, 그동안 고이케 아저씨는

금화를 마을 사람들과 자신을 위해 사용했다.

마을에는 많은 사람들이 모여들었고,

거리마다 행복한 웃음소리가 들렸다.

고이케 아저씨는 마을 사람들과 행복하게 살았다.

10년 후, 그동안 히로시 아저씨는
고독한 외톨이로 지냈다.
그러던 어느 날, 상자를 들여다보니
거기에 있던 금화는 어디론가 사라지고
새까만 숯만 산더미처럼 쌓여 있었다.

돈이라는 건,
돈이지만 돈이 아닌 거야.

그럼 돈은 대체 무엇인가요?

우리는 풍요로움의 입자,
에너지 그 자체예요. 풍요로운 우주와
인간의 우주를 연결해서 인간의 생각을
형태로 만드는 일을 도와주지요.

돈은 사용을 하면 모습을 바꾸어 너희에게
필요한 물건이나 지식, 시간 등을 제공해주는 '신'이야.
그래서 돈을 사용할수록 그 에너지에 감싸이지.
돈을 써서 무엇을 얻고, 인생이 어떻게 바뀌는지 봐.
돈이 그것을 마음껏 즐기거든. 그리고 돈은 올바른 방향으로
사용해야 더욱 증폭된다는 사실을 잊지 마!

돈에 대한 감정이
돈의 성격을 결정한다

돈은 풍요로움의 에너지가 형태로 나타난 것이지만 사실 그 자체로는 아무런 의미가 없다. 하나의 수정란이 인간이 되기 위해서는 세포분열을 하고 장기가 되고 뼈가 되고 눈이 되고 손이 되고… 이런 식으로 우리가 의식하지 않더라도 사람의 형태를 만들어간다. 이와 마찬가지로 돈도 '사용처'가 정해져야 비로소 분열하고 '무엇인가를 이루는' 존재가 된다.

그렇기 때문에 세포가 하나의 세포만으로는 기능을 하지 못하는 것처럼 돈은 한 장의 지폐인 상태에서는 아무것도 아닌 존재다. 어떤 물건이나 체험 같은 '무엇인가를 이루어야' 비로소 의미를 가진다.

돈은 세포처럼 분열하고 증식해서 주문을 실현시킨다.

중요한 점은 돈이 무엇인가로 바뀔 때에 당신 자신에게 어떤 감정이 생기는가 하는 것이다.

당신이 "나는 명품 시계를 가지고 싶어. 그걸 손목에 차고 다닌다면 정말 행복할 거야."라고 생각한다면, 돈은 "그래! 나의 세포 100만 개를 이용해서 명품 시계가 되어줘야지!"라고 할 것이다.

하지만 "나 사실은 명품 옷을 입어보고 싶은데 돈이 없으니까 형편에 맞게 싸구려 옷이나 입어야지."라고 말하면 어떻게 될까?

"뭐야, 형편없는 싸구려를 구입하기 위해서 나의 세포를 교환해야 하는 거야? 이거 정말 유감인데! 이 사람은 안 되겠다. 다른 사람에게로 가야겠어."

이렇게 돈은 심한 상처를 입고 잔뜩 풀이 죽어버린다.

당신이 돈을 쓸 때의 감정에 따라 돈의 성격도 바뀐다.

돈은 증식하는 우주 세포다. 그러니까 당연히 사용을 해도 없어지지 않는다. 그런데 이렇게 말하면 "사용을 하면 없어지는 게 당연하지, 무슨 말이야?" 하고 반발을 할 것이다.

하지만 만약 당신이 '돈은 사용하면 없어진다'고 생각한다면 돈의 힘을 제대로 사용하지 못하고 있는 것이다.

돈은 항상 다른 것으로 바뀌어 우리에게 돌아온다. 예를 들어 돈을 지불하고 손에 넣은 옷은 그 옷을 입고 있는 사람의 자존감을 높여주고 기쁨을 안겨준다. 돈을 주고 산 자동차, 신발, 시계도 그렇다. 전기나 수돗물도 돈을 지불하고 얻을 수 있는 혜택이며 돈을 지불하고 얻은 지식은 새로운 돈을 낳는 우리의 능력이 되어준다. 돈을 지불하고 사 먹는 음식은 우리의 영양분이 되고 행동의 근원이 된다.

의미 없이 사용되는 돈은 없다.

내가 빚을 변제하는 데에 사용한 돈이나 이자조차 지금은 '과거의 경험담'으로서 글의 재료가 되어 풍요로움을 제공해주고 있다. 당시에 지불한 막대한 이자는 어떤 의미에서 보면 현재 수익에 대한 세금을 미리 지불한 것이라고 여겨질 정도다.

아무리 쓸모없어 보이는 돈이라 할지라도 모두 이 지구상에서 필요한 '무엇인가를 대신해서' 우리에게 소중한 체험을 선물로 안겨주고 있다.

돈은 자유자재로 변화하면서 우리의 바람을 들어주는 도구이기 때문에 아무리 사용을 해도 없어지지 않는다. 사용하면 사용할수록 돈은 변화하고 증폭해간다. 이런 현상을 자기 계발서나 경제 서적에서는 '돈의 순환'이라고 표현한다.

돈을 순환시킨다는 것은 돈이 변화해서 제공해주는 것을 통하여 다시 돈을 얻고 그것을 또 변화시켜 자신이 원했던 세상을 점차 구축해가는 것이다.

왠지 가슴 설레지 않는가? 나는 이런 생각을 하는 것만으로도 가슴이 설레서 견딜 수가 없다.

우주에서는 사용처가
불분명한 돈은 없다

'돈이 필요해.'

이런 생각이 들 때가 많을 것이다. 이때 당신은 우주에 어떤 주문을 보내는가?

"부자가 되고 싶어."

"연봉 1억 원을 받고 싶어."

이런 주문을 하면 우주는 주문을 제대로 받아들이지 않는다. 우주를 떠도는 돈 에너지 역시 "돈이 필요하다고는 하는데 대체 왜 필요하다는 거야?"라고 되물을 것이다.

"하지만 원하는 금액을 명확하게 주문했는데요."

이렇게 말할 수도 있다.

하지만 앞에서도 말했다시피 돈은 그 자체만으로는 의미를 가지지 않기 때문에 주문을 할 때는 항상 돈이 생기면 무엇을 하고 싶은 것인지를 명확하게 밝혀야 한다.

"세계 일주를 해보고 싶어."

"아이의 피겨스케이트 도전을 최대한 지원해주고 싶어."

"대학에 다시 들어가서 박사학위를 받고 싶어."

자신의 소원을 확실하게 말로 표현하고 그 소원을 이루기 위해 얼마의 돈이 필요한지를 세밀하게 계산해보자. 그런 다음 우주에 소원과 함께 기한을 정해서 주문을 하는 것이 올바른 주문이다.

"2년 후에는 세계 일주를 할 거야. 그렇게 하기 위해 필요한 돈은 3천만 원이야."

이런 식으로 주문을 하면 우주도, 돈님들도 그 소원을 실현시켜주기 위해 움직인다. 세계 일주를 하고 있는 자신이나 가족들의 행복한 얼굴 등을 떠올리고 각 나라의 사진을 보면서 현실적으로 상상을 하면 그 주문은 더욱 빨리 실현된다.

여기에서 중요한 것은, 내가 주문한 3천만 원이 반드시 현금으로 들어오지는 않는다는 것이다. 당신이 매우 친절하게 대한 사람이 우연히 모나코의 대부호여서 "함께 세계 일주 여행을 해보고 싶습니다."라고 권유해올 수도 있고, 여행

사 이벤트에 당첨될 수도 있다. 그런 경우, 당신은 현금을 손에 넣은 것은 아니지만 확실히 돈님으로부터 3천만 원의 가치가 있는 지원을 받은 것이다.

그런데 단순히 "3천만 원이 필요해."라고 주문을 한다면, 돈님은 "응? 그럼 내가 무엇을 대신하는 거야?"라는 생각에 구체적인 이미지를 그리지 못한다. 그 결과 기쁨을 느낄 수도 없고, 당신에게 모이려고 하지도 않는다.

출구가 없는 돈 주문은 우주의 입장에서 볼 때

'들리지 않는' 주문이다. 사용처를 정확히 제시해야

비로소 우주는 움직이기 시작한다.

머니극장

4

"여어, 모두들 안녕!"

오늘도 고이케는 모여든 돈들을 하나씩

세어보고 있다.

"내게 와주어서 다들 고마워."

반가워!
좋아!

후후후!

이제 이 돈으로
뭘 할까?

그날 밤 돈들이 대화를 시작했다.

"너는 뭐가 될 거냐?"

"나는 운동화가 될까?"

"그럼 나는 과일이 될까?"

고이케가 잠에서 깨어나자 돈들은 사라지고

다양한 물건들이 그 자리에 놓여 있었다.

고이케는 즉시 알 수 있었다.

"아, 행복해! 그 돈이 운동화가 되어주었구나."

"아, 너는 과일이 되어주었네!"

돈들은 우주의 입자로 돌아가면서

"즐거웠어. 우리 모두 또 고이케를 찾아오자."

라고 약속했다.

돈들은 늘 대화를 나누어요.

돈들이 대화를 나눈다고?

누구의 우주로 가서 어떤 것으로 바뀔지
끊임없이 생각하지요. 그리고 누군가의
우주로 가면 그곳이 즐거운 곳인지 아닌지
서로 정보를 교환하면서 보다 즐거운
우 주를 찾아다니는 거예요.

자신에게 찾아온 돈들과 매일 인사를 해야 해.
모든 돈이 똑같다고 생각해서는 안 돼.
끊임없이 하나하나의 돈들과 대화를 나누어야 한다고!
이상하다고? 천만에! 그래야 돈이 모이는 거야!

돈의 고마움을 알면
금전운이 향상된다

형태보다 내용, 외면보다 본질로 다시 변화하고 있는 지금, 돈도 지폐나 동전에서 디지털화폐로 변화하는 등 물질 형태에서 벗어나려 하고 있다. 에너지 본체라는 우주의 본질에 다가가고 있다고 말할 수도 있다.

사랑도 에너지, 고마움도 에너지, 그리고 돈도 에너지다. 우주는 우리가 우주를 향하여 발신한 에너지를 증폭시키는 장소다. 한마디로 에너지 증폭 장치다. 그렇기 때문에 물질 세계로부터 우주적 에너지 세계로 향하고 있는 지금이야말로 우리도 물질에 사로잡히지 말고 스스로 어떤 에너지를 발신하면서 살아갈 것인지를 생각해야 한다.

물론, 물욕은 있어야 한다.

이 지구에서의 경험을 마음껏 맛보고 싶고,

물질세계에 살고 있는 이상

물건을 구입하고 소유하는 것 역시 소중한 경험이니까.

돈들도 우주로부터 에너지 본체로 내려와 당신의 우주에서 다양한 다른 것들로 바뀌어가는 것을 기대하고 있으니, 부디 돈의 에너지가 형태로 바뀌는 것 자체를 마음껏 즐기기 바란다!

그러기 위해 한번 생각해보아야 할 문제가 있다. 만약 이세상에 당신이 생각하는 돈이라는 존재가 없다면, 당신은 어떻게 자신이 원하는 것을 손에 넣을 수 있을까? 하와이에 가고 싶다면? 돈이 존재하기 이전의 시대처럼 물물교환을 생각할까? 스스로 뗏목을 만들어 바다를 건너갈까? 모든 사람들이 당연하듯 사용하고 있는 전기도 돈으로 구입할 수 없다면 전신주를 만들어 전선을 설치하는 것부터 시작해야 할 것이다.

아무리 생각해도 "역시 돈은 가장 고마운 존재야!"라는 결론에 도달한다. 자신이 원하는 것을 손에 넣는 데 돈은 얼마나 '편리한' 도구인가!

금전운을 올리려면 우선 돈에 대한 이 감각을 되새기며 평소에 이렇게 말해야 한다.

"돈은 정말 편리한 거야!"

"돈은 정말 고마운 거야!"

"돈은 최고로 멋진 존재야!"

디지털화폐여서 단지 숫자만 보인다고 해도 돈은 우리가 하고 싶은 것을 너무나 간단히 이루어주는, 정말로 편리한 도구이기 때문이다.

돈의 사랑을 받고 싶다면
먼저 돈을 사랑하라

나는 2억 원의 빚을 지고 있을 때 지금의 아내에게 프러
포즈를 했다. 그리고 아내는 나의 프러포즈를 얼굴 가득 미
소를 띠고 받아주었다.

사실 아내는 돈 걱정은 전혀 하지 않았다고 한다. 2억 원
의 빚이 있는 남자를 만나면서 돈 걱정을 하지 않다니 어떤
의미에서는 배짱이 두둑하다는 느낌도 들지만, 나중에 돌이
켜 보니 이것이야말로 내가 우주에 주문을 한 결과라는 생
각이 들었다.

나는 아내를 만날 때부터 '이 사람에게 절대로 돈 걱정은
시키지 않겠다.'라고 결심했다. 이것이 우주로 보낸 주문이

되어 아내는 전혀 돈 걱정을 하지 않게 되었다.

결혼한 이후에도 가계부 관리는 내가 담당했고, 불안한 요소는 아내에게 전혀 보여주지 않았다. 또 아무리 빚이 많다고 해도 필요 이상으로 절약하는 행동은 하지 않았다.

아내는 아이가 생긴 이후 "나, 이제 일하지 않아도 되겠지?"라고 말하고 전업주부가 되었다. 아직 빚이 많이 남아 있을 시기였다. 나는 "물론 당연하지."라고 말했다.

아이가 유치원에 다닐 때쯤에는 둘이 호프집에서 맥주를 기울이며 데이트를 하기도 했는데, 그때 아내가 이렇게 말했다.

"돈은 정말 좋은 것 같아. 이렇게 맛있는 꼬치 요리에 맥주를 마실 수 있으니까."

"그렇지? 돈은 정말 좋은 거야. 고마운 존재이기도 하고."

그렇다. 아무리 빚이 있어도 우리는 늘 돈에 감사했다. 그리고 그것을 당연하다는 듯 말로 표현했다.

마음에 드는 운동화나 옷을 찾아보기 위해 아웃렛에 갔을 때는 아내에게 '얼마까지'라는 제한을 두지 않고 반드시 "가격은 보지 말고 마음에 드는 것을 사."라고 말했다.

그래야 돈님이 기쁜 마음으로 그 물건의 대금이 되어주니까. 어쨌든 아내와 돈님이 기뻐할 수 있는 사용 방법을 지키겠다고 결심했다. 아내와 돈님이 기뻐하면 그것은 나의 자신감으로도 연결된다.

모든 것은 내가 우주에 보낸 "이 사람에게 절대로 돈 걱정은 시키지 않겠다."라는 주문에서 시작되었고, 그것은 현실로 이루어졌다. 우리 부부는 돈이 들어오면 들어올수록 "돈은 정말 좋은 거야."라는 말을 끊임없이 중얼거렸다. 나의 금전운을 향상시키는 말버릇 중의 하나인 "돈은 좋은 거야. 고마운 존재야."라는 말이 여기에서 탄생했다.

돈 때문에 고민하고 있는 사람들 대부분은 돈에 애정을 기울이기 어려운 상황에 놓여 있다. 자신을 고통스럽게 만드는 존재를 대상으로 "고맙다."라고 말하기는 어렵고, "돈은 정말 좋은 거야."라고 말하기도 어렵다.

하지만 돈에 대한 사랑은 능동적인 것이다.

먼저 말을 걸고 먼저 사랑해야 한다.

내가 평소에 전하고 있는 '선불의 법칙'과 같다. 우선 이쪽에서 사랑을 발견해서 감사해야 한다. 작은 것이라도 상관 없으니까 돈에 의해 도움을 받고 있는 것, 돈에 의해 받고 있는 혜택 쪽으로 눈을 돌려야 한다.

"돈이 있으니까 따뜻한 방에서 잠을 잘 수 있는 거야."

"돈이 있으니까 시원한 방에서 지낼 수 있는 거야."

"돈이 있으니까 다 같이 밥을 먹을 수 있는 거야."

만약 현실적인 상황이 이조차도 어려운 사람이라고 해도 '돈이 있어서 도움을 받은 일' 쪽으로 눈을 돌리고 "아, 돈은 역시 좋은 거야. 고마운 존재야."라고 느껴보아야 한다.

돈에 대해 긍정적인 감정을 가지는 것이

돈을 사랑하는 첫걸음이다.

긍정적인 감각으로 돈과 관계를 맺는 비결 한 가지를 말해주겠다. 바로 돈이 들어오는 말버릇 "짤랑짤랑~"이다. 내키지 않는 일이나 힘든 작업, 또 소원을 달성하기 위해 최선을 다하고 있을 때에 자신의 우주은행에 돈이 저금되는 이미지를 그리면서 "짤랑짤랑~" 하고 중얼거리면 어느 틈에 돈이 쌓이고 쌓여 다양한 형태로 당신에게 돌아온다. 아무리 작은 행동도 우주은행에 저장된다는 것을 기억하자.

노력은 언젠가 보답을 받는다고 하지만 그것은 고통스러워하면서, 돈을 원망하면서 노력하는 사람에게 해당하는 말이 아니다. 아무리 가혹한 상황이라도 미래의 풍요로움이나 즐거움을 이미지화하고 미소를 잃지 않으며 우주은행에 지속적으로 저금을 하는 사람에게 해당하는 말이다.

"짤랑짤랑~"이라는 기분 좋은 소리를 길동무 삼아 눈앞의 일들을 하나하나 긍정적으로 쌓아나가자.

2장

돈에게 좋은 기억을 선물하라

머니극장

5

돈은 행복한
추억을 좋아한다

나는 100원짜리 동전이다.

어느 날 편의점에서 고이케의 손에 들어간 나.

마음이 편안해지는 지갑에 들어가자,

"잘 왔어, 동전아.

여기가 네가 있을 장소야."라고

고이케가 상냥하게 말을 건네주었다.

나는 1만 원짜리 지폐다.

역에서 갑자기 고이케와 이별을 했다.

고이케는 나를 보고 말해주었다.

"내게 와줘서 고마웠어. 잠시 즐거운 여행을 하고
친구들과 다시 또 찾아와줘."

나는 지갑 안에 질서정연하게 누워 있는
동료들에게 인사하며 "갔다 올게."라고 말했다.

나는 5만 원짜리 지폐다.

고이케는 상점 문을 닫으면 매일 저녁 우리를

한 장 한 장 책상 위에 늘어놓고 말을 건넨다.

"내게 와줘서 정말 고마워. 여기까지 오는 동안

여행은 즐거웠니? 어떤 풍경들을 보았어?"

아침에는 매상금으로 고이케의 손에 들려

은행으로 가게 되었는데, 나도 모르게 눈시울이

뜨거워졌다.

우리 돈들은 늘 누군가를 방문했다가

이별을 하고 다시 여행을 떠난다.

하지만 고이케에게는

반드시 다시 돌아오고 싶다는 생각이 든다.

돈이 좋다고 말하는 사람들은 많지만
진정한 의미에서 돈을 좋아하는지는 알 수 없어.
'돈이 좋다'고 말하는 사람들 중에는
돈이 들어왔을 때는 기뻐하지만 지출을 할 때는
싫어하는 사람도 있잖아.

돈님이 보면 그 사람이 정말로
돈을 좋아하는 사람인지 아닌지
즉시 알 수 있어요. 정말로 돈을 좋아하는
사람은 돈이 들어올 때든 지출을 할 때든
기쁜 표정을 보이거든요. 들어올 때나 내보낼 때나
모두 즐거워하는 사람, 그런 사람이 정말로
돈을 좋아하는 것이고,
또 돈이 좋아하는 사람이지요.

그렇군요. 나는 돈이 들어올 때
"잘 왔어."라고 하고, 지출할 때 "고마웠어."라고
하는데, 이런 표현이 돈님에게는
기분 좋은 말이었군요!

돈이 들어왔을 때는 성대하게
환영회를 열어야지. 돈을 지출할 때는
감사하는 마음으로 송별회를 해야 하고.
돈과의 관계는 늘 축제라고!

돈이 안겨준 행복을
다시 음미하라

나는 돈을 사용하면 그 금액을 수첩에 기입한다. 은행에서 돈을 찾을 때에는 통장에 찍힌 인출 금액 옆에 무엇을 위해 사용하려고 인출을 했는지 용도를 기입한다.

"정말 세밀한데요. 빚을 지고 있던 시절의 버릇인가요?"

이런 질문이 나올 수도 있다. 사실 이것은 나의 소중한 돈님이 무엇을 대신해주었는지 기억해서 나중에 추억으로 즐기기 위해 실행하고 있는, 그만둘 수 없는 습관이다.

"아, 이때 사용한 4만 원은 아내와의 점심 식사 비용으로 사용했구나. 그래, 정말 행복한 시간을 보냈어. 돈님, 감사합니다."

"그래. 이날 인출한 20만 원은 멋진 운동화가 되어주었어. 돈님, 멋진 경험을 하게 해주어서 정말 감사합니다."

그렇게 수첩이나 통장을 펼칠 때마다 몇 번이나 추억을 떠올리고 미소를 지으며 감사 인사를 한다.

이상하다고? 하지만 잘 생각해보자.

"어라? 이 돈을 어디에 사용했지? 기억이 나지 않는데!"

"카드 할부금들 때문에 내가 필사적으로 일해서 번 돈이 순식간에 사라져버렸어. 정말 힘드네."

통장을 볼 때마다 이런 식으로 말한다면 거기에 사용된 돈님은 어떤 생각이 들까? "힘들게 찾아와주었더니 내가 무엇으로 바뀌었는지조차 기억하지 못하다니! 정말 슬픈 일이야."라고 생각하지 않을까.

그 돈을 사용한 상황을 기억해내고 몇 번이나 "정말 고마웠어.", "돈을 정말 값지게 사용했어.", "돈은 고마운 존재야."라고 미소를 지으며 기뻐하는 사람에게 돈님들은 모이고 싶어 한다.

돈이 들어오게 하고 싶다면 돈을 써서 즐거웠던 기억을 만들고 그것을 몇 번이나 되새겨야 한다.

돈님에게 행복한 기억을 선물해 함께 공유하는 것이다.

돈님에게 행복한 기억을 선물한다고 말하면, "하지만 그

건 돈이 많으니까 할 수 있는 일 아닙니까?"라고 말하는 사람도 있을 것이다. 하지만 내가 '돈을 사용해서 즐거웠던 일'을 반복해서 곱씹어보는 버릇은 2억 원의 빚이 있던 시절부터 시작된 것이다.

"이 돈이면 발포주를 살 수 있어! 감사합니다!"

"천 원이면 꼬치구이 한 개를 살 수 있어! 주인에게 양념 좀 듬뿍 발라달라고 해서 그 양념에 밥을 비벼 먹는다면 행복한 저녁 식사를 할 수 있을 거야! 멋진 식사를 할 수 있도록 해주는 천 원아, 정말 고마워!"

이런 식이었고, 그것을 몇 번이나 기억해내고 즐겼다. 지금도 그 시절과 마찬가지로 돈과 관련된 행복한 기억을 매일 머릿속에 떠올리고 미소를 짓는다.

그렇다. 빚더미에 깔려 있던 어느 날 나는 결심했다. 돈에게 감사하면서 살아가겠다고. 그렇게 결심한 뒤에는 아무리 사소한 것이라 해도 돈이 있어서 행복해졌다는 사실을 기억해내고 몇 번이나 그 행복감을 음미한다.

기억은 '재체험'이다. 우주에서는 현실과 기억의 차이가 없기 때문에 돈이 안겨준 행복을 몇 번이나 기억해내는 방식으로 반복적인 체험을 할 수 있다.

싸구려를 사면
돈이 상처를 입는다

돈과의 만남과 이별의 장면은 꼭 기억하고 기록으로 남겨두어야 한다. 그 기억은 언제 돌이켜보아도 가슴이 설레고 흥분이 된다. 또 그런 경험을 쌓다 보면 자연스럽게 후회되는 지출은 하지 않게 된다.

돈과의 경험이 축적되면 돈을 사용하는 순간

그 돈이 나중에 기쁨으로 바뀔 것인지를

판단할 수 있다.

어떤 의미에서 보면 돈을 사용하는 기술을 향상시키는 방법은 돈이 들어오고 나갈 때마다 기입을 해둔 '추억의 메모'들이 알려주는 듯하다.

예를 들어 갑자기 비가 내리는데 우산을 가져오지 않아 편의점에서 비닐우산을 사는 경우도 있다. 이것은 즐거운 지출로는 보이지 않지만 나라면 이럴 때 돈을 사용하는 의미를 다음처럼 바꿀 것이다.

우선 근처의 백화점이나 쇼핑센터로 갈 수 있다면 그곳으로 가서 마음에 드는 우산 하나를 새로 구입한다. 비가 너무 많이 내려 근처 편의점밖에 갈 수 없는 경우라면 그곳에서 값싼 비닐우산이 아닌, 평소에도 사용할 수 있는 2만 원짜리 고급 우산을 구입한다.

'갑작스럽게 비가 내렸기 때문에 어쩔 수 없이 우산을 구입했다'가 아니라 '갑작스럽게 비가 내렸기 때문에 이 기회를 빌려 평소에 사고 싶었던 고급 우산을 샀다'는 결과를 만들어내는 것이다.

내가 구입한 것은 무엇으로든 대용할 수 있는 '어디에서나 볼 수 있는 흔한 우산'이 아니라 비닐우산, 일반 우산, 고급 우산 중에서 '내가 선택한 고급 우산'이다.

대충 선택한 비닐우산은 어딘가에 놓아두었다가 잃어버리더라도 잃어버렸다는 사실조차 기억하지 못하는 경우가 많지만 적은 선택지 중에서도 '내가 확실하게 선택한 2만 원짜리 고급 우산'은 그 후에도 계속 사용할 수 있는 가치 있는 우산이 된다.

'싸구려에 돈을 의미 없이 사용하는 행위'는 돈이 가장 상처받는 행위 중 하나다. 내 마음에도 흡족하지 않고 1년도 쓰지 않고 버릴 물건에 애정이 갈 리가 없다.

'나를 이렇게 가치 없게 생각하는 거야?'

돈은 이렇게 생각하며 훌훌 떠나갈지도 모른다.

사용한 돈마다 캐치카피를 달아라

　돈을 쓸 때마다 메모로 남겨둔다고 말하면 "가계부 같은 것입니까?"라는 질문이 들어온다. 나는 가계부를 지금까지 써본 적이 없다. 따라서 가계부 같은 것이라기보다는 '유쾌하게 웃을 수 있는 메모' 정도다.

　내가 수첩에 기입하는 지출 내역에는 그 당시의 감정이 깃든 '캐치카피'가 곁들여져 있다.

　"코스트코 첫 방문! 엄청 흥분함! 대용량 미트볼."

　"정말 흥분함! 디즈니랜드!"

　"첫 만남이지만 첫 만남 같지 않음! 운동화!"

　이런 식이다. 지금 여기에 글을 쓰면서도 그 당시의 기분 좋았던 흥분감이 되살아난다.

물론, 가끔 "아, 이건 실수였어."라는 생각이 드는 지출도 없지는 않다. 하지만 "아, 이건 실수였어."라는 느낌이 들 때에도 수첩에 분명하게 기입을 한다. 나중에 내가 웃을 수 있도록 재미있는 캐치카피를 곁들여서.

"저질러버렸다! 위스키!"

"순간적인 감정에 휩쓸림! 만화책 세 권!"

이런 식이다.

순간적인 후회나 죄악감을 느낀다고 해도 마지막에 웃을 수만 있다면 돈의 흐름에는 아무런 문제가 없다.

최종적으로 웃을 수 있을 때까지가 돈을 사용하는 하나의 스토리다.

돈과 친해지려면
돈을 시각화하라

내가 돈의 사용처와 감정을 기입해두는 것은 '돈의 추억'이다. 가계부와는 다르다. 하지만 "빚을 갚으려면 가계부를 쓰는 쪽이 좋을까요?"라는 질문을 받는 경우도 있다.

정신적인 부분을 중심으로 말한다면 "불안감을 느낀다면 가계부는 쓰지 않아도 된다."라고 할 수 있다. 하지만 가계부를 쓰거나 청구서를 살펴보면서 수입과 지출을 정확히 파악하는 것은 빚을 갚고 있다거나 저축을 하는 사람에게는 필요할 것이다. 물론, 반드시 '가계부'라는 형식이어야 할 필요는 없다.

나 자신은 '빚을 변제한다'고 마음먹은 날부터 보고 싶지 않은 청구서 다발을 모두 꺼내놓고 하나하나 확인하는 것부터 시작했다. 은행에도 거의 매일 통장을 찍으러 갔다. 출금이 있는 날도, 입금이 있는 날도, "오늘은 아무 일도 없었네."라는 느낌이 드는 날도 일단 통장은 찍으러 갔다.

그리고 스케줄러에 언제 어떤 이체가 있었는지(꽤 많은 금융 기관으로부터 이체가 있었기 때문에) 날짜와 금액을 하나하나 기입했다. 전기나 수도 요금 이체 내역, 매입 대금, 아르바이트 비용… 그때는 멋진 수첩을 구입할 수 있는 여유도 없었기 때문에 탁상달력 뒷면에 한 달 치 달력을 그려놓고 거기에 기입을 했다.

돈에는 인격이 있고 당신에게 도움이 되고 싶어 하니까

'보이지 않는다'면 '보이는' 쪽으로 만들어두는 것이 좋다.

즉, 돈을 시각화하는 것이다.

지금도 나는 통장을 찍을 때가 너무 좋다! 그 통장이 기계에 찍히는 소리를 휴대폰 착신음으로 해놓고 싶을 정도다. 은행에는 내가 직접 간다. 돈의 출입을 직접 확인하고 추억을 되돌아보고 싶어서다.

덧붙여, 지금도 내게는 빚을 지고 있던 당시의 통장이 그대로 남아 있다. 나는 그 통장을 가끔 들여다보며 과거의 추억을 회상한다.

그중에는 아버지 명의의 통장으로 빌린 500만 원에 대한 변제 기록도 있다. 매달 융자금 상환으로 '13만 원'이라는 디지털 숫자가 죽 늘어서 있는 것을 보면 '아, 돌이켜 보니 정말 재미있었어. 잘 버텨냈어. 아버지, 감사합니다. 돈님, 고맙습니다.'라는 생각에 나도 모르게 미소가 지어진다.

이것 역시 빚을 변제했기 때문에 할 수 있는 일이다. 이렇듯 돈의 흐름은 마지막이 반드시 웃는 얼굴이어야 한다. 웃음으로 회수할 수 있어야 한다!

돈은 자신을
신뢰하는 사람을 좋아한다

돈 문제 때문에 고민하는 사람들 대부분은 돈에 대한 불안감에 휩싸여 "언젠가 돈이 다 떨어지는 건 아닐까?", "노후에 돈이 부족해지지는 않을까?" 하고 걱정만 한다. 하지만 걱정만 하고 있으면 당사자인 돈님은 그 사람 곁을 떠나버린다.

최근에 자주 하는 생각인데, 이것은 아이를 키울 때의 감각과 비슷하다. 늘 "우리 아이, 괜찮을까?" 하고 자녀를 걱정하고 부모의 생각대로 자라기를 바라면 아이는 그에 반발하거나, 부모가 믿어주지 않는 자기 자신을 불신하고 점차 자신감과 자유를 잃어간다.

아이를 걱정하는 것보다는 그 능력을 신뢰해야 한다. 하나의 인간으로 존중하면서 자유롭고 행복하게 살아가기를 기원해야 한다. 조용히 지켜봐주면 신기하게도 아이는 부모가 자신을 믿어준다는 사실을 느끼고 자신 있게 살아간다.

돈을 사랑하는 방법도 이와 마찬가지다.

돈은 신뢰를 받아야 힘을 발휘하는 존재다.

돈에 대해 늘 "돈에는 나쁜 경험이 있어서.", "어차피 내게는 와주지 않을 텐데, 뭐." 하고 불신감만 가지고 있으면 돈은 "아, 이 사람은 나를 믿어주지 않는구나."라고 느낀다. 그렇게 되면 돈이 갖추고 있는 본래의 힘을 발휘할 수 없다.

돈이 있는 사람이란 돈이 들어온 이후 걱정이 사라졌기 때문에 돈을 신뢰하는 것이 아니라 그 반대다. 인생과 돈을 믿고 사랑하기 때문에 돈이 들어오게 되고, 한층 더 돈에 대한 신뢰를 쌓아나가기 때문에 인생이 풍요로워지는 것이다.

머니극장

6

돈이 마음 편히
머무는 성을
만들어라

옛날에 세 마리의 아기 돼지가 각각
지갑을 구하기 위해 여행을 떠났다.

첫째 아기 돼지는 길에서 마대를 주웠다.
"뭐, 아무거면 어때."
그 마대에는 돈님이 전혀 들어오지 않았다.

둘째 아기 돼지는

일을 하고 받은 털실로 직접 지갑을 만들었다.

털실 지갑에는 약간의 돈님이 들어왔다.

"이것밖에 안 들어오는구나."라고 말하며

둘째 아기 돼지는 그 돈님을 사용했다.

돈님은 다시 돌아오지 않았다.

셋째 아기 돼지는

가죽 공예가의 제자로 들어가

훌륭한 공예가가 된 뒤,

멋진 세공을 한 가죽 지갑을 만들었다.

셋째는 직접 만든 지갑이 너무 마음에 들어

매일 지갑을 향해 고맙다는 말을 전했다.

그 지갑에는 많은 돈님들이 들어왔다.

정말 멋진 지갑이야!
고마워! 고마워!

어느 날 늑대가 셋째 아기 돼지의
가죽 지갑을 훔치러 들어왔다.
하지만 지갑에 살고 있던 돈의 신이
늑대를 물리쳤다.

돈이 즐겁게 머물 수 있는
장소가 되어야 해!

즐겁게 머물 수 있는 장소요?

우선 아무리 적은 금액의 돈이라고 해도
들어오면 진심으로 기쁘게 맞이해야 해요.
돈은 적은 금액이라도 그것을
기반으로 증폭하니까요.

지출을 할 때에도 웃는 얼굴로 내보내야 하지!
핵심은 돈이 기분 좋게 지낼 수 있는 방을 만들어주는 거야.
아니, 방 정도가 아니라 '성' 정도는 돼야 해!
언제든지 돈이 찾아와 편안하게
머물 수 있는 성을 만들라고!
돈이 즐겁고 기쁘게 머무를 수 없다면
나중에도 더 이상 찾아오지 않아.
반드시 다시 찾아오게 하겠다 각오하고
돈을 대해야 하는 거야.

돈을 쓸 때도
정성껏 대해야 한다

"이유는 모르겠지만 고이케의 지갑은 참 편안해."

"전에는 지갑이 너덜너덜하고 지저분해서 정말 불편했다는 소문이 있던데?"

"그래? 하지만 지금은 전혀 그렇지 않은걸. 기분이 좋아서 편안하게 지낼 수 있어."

"정말이야. 여기는 정말 마음에 들어. 다음에 꼭 다시 올 거야."

지갑에 들어온 돈들은 다양한 우주에서 찾아온다. 그리고 지갑 안에서 끊임없이 정보를 교환한다.

은행에서 돈을 찾거나 거스름돈으로 들어오는 돈들을 지

갑에 넣을 때, 나는 마음속으로 "나를 찾아와줘서 정말 고마워. 자, 여기가 너희들이 머물 장소야. 편히 지내."라고 말한다. 돈을 지출할 때는 "고마워. 여행 잘 하고 친구들 많이 데리고 또 찾아와."라고 말한다.

상점의 돈도 마찬가지다. 빚을 지고 있던 시절부터 최근의 코로나 대책으로 인하여 직접 고객을 대하면서 팔찌를 제작할 수 없는 상황에 이르기까지, 나는 상점의 계산대에서 현금을 꺼낼 때마다 돈 하나하나에 '인사'를 한다.

지폐 한 장 한 장을 탁자 위에 늘어놓으면서 지폐에 새겨진 인물들의 이름을 부르며 "내게 와줘서 감사합니다."라고 두 번씩 인사를 반복한다.

이런 인사는 빚을 지고 있던 시절부터 하루도 빠짐없이 지금까지 15~16년을 계속 해오고 있다. 매상이 많은 날은 세 시간이 걸리는 경우도 있었다. 나 스스로도 뭔가 이상한 의식이라고 인식하고 있기는 하지만….(웃음)

직원들이 늘어난 이후부터는 직원들이 퇴근한 뒤에 돈들에게 인사를 하고 그 후에 은행으로 가지고 가는 것이 일과가 되었다. 이런 행동이 일상화된 뒤에는 자연스럽게 정말로 감사할 수 있는 부분에만 돈을 사용하게 되었다.

절약과는 약간 의미가 다르다. 마음속에서 기쁨을 느낄

수 있는 곳에 돈을 사용하고, 돈을 웃는 얼굴로 내보내면 반드시 몇 배가 되어 돌아온다는 사실을 깨달았기 때문에 생긴 습관이다.

돈을 정성스럽게 대하면 인생도 확실하게 바뀐다.

그 이유는 간단하다. 당신의 우주에서 눈에 보이는 모든 것이 당신 자신이라면 돈 역시 당신 자신이기 때문이다.

돈을 어떻게 대할 것인가 하는 문제는 '이 우주에서 어떤 대우를 받을 것인가'와 같다. 이제 돈을 대하는 방법을 바꾸어보자. 그로 의해 인생의 대전제가 바뀌고 돈 이외의 문제들도 자연스럽게 해소될 수 있을 것이다.

동전 하나에도
고마운 마음을 표현한다

    지갑도 예전과 지금은 그 존재 의의가 많이 달라졌다. 디지털화폐화가 확장되고 있는 상황에서 동전과 지폐가 줄어들고 이제는 카드만 들어 있는 지갑이 많아졌다. 부자가 되기 위한 필수 아이템이기도 한 '장지갑'이 주류였던 고급 브랜드들도 최근에는 대부분 반지갑이나 미니 지갑을 더 많이 만들어내고 있다.

    나는 그런 흐름과는 별개로 아직도 장지갑을 선호한다. 하지만 돈을 접지 않고 펴서 넣고 다니면 금전운이 좋아진다는 식의 흔한 이유 때문이 아니라 단순히 장지갑의 디자인을 좋아하기 때문이다. 내 입장에서 볼 때 지갑은 운동화나 자동차처럼 인생에 기쁨을 주는 아름다운 존재다. 따라서 좋아하는 디자인은 양보할 수 없다.

장지갑에 동전은 넣지 않고 세 개의 주머니가 있는 동전 지갑을 따로 가지고 있다. 거스름돈을 받으면 성가시더라도 각각의 방에 동전을 단위별로 구분해서 넣는다.

그들 각자에게 거주지를 정해주고 세 개의 방에 나누어 넣을 때에는 당연히 인사도 한다. "잘 왔어. 고마워."라고.

당신의 지갑에 있는 돈들은 지금 어떤 대화를 나누고 있을까? 돈은 당신이 인정을 해주고 말을 걸어주기를 바란다.

돈의 성격은
이미징에 의해 결정된다

1장에서 나는 돈에 성격이 있다고 했다. 여기에 한 마디 더 첨부하자면, 돈의 성격은 이미징에 의해 결정된다.

당신이 '돈은 이러저러한 것'이라고 생각하는 대로 당신의 우주에서 돈의 성격이 만들어진다.

예를 들어 돈에 대하여 이렇게 생각할 수 있다.

"돈은 배신을 낳는 무서운 존재야. 돈과는 절대 친해지면 안 돼."

나라면 절대 이런 생각이나 말을 하지 않을 테지만, 당신의 우주에 존재하는 돈을 당신이 이런 식으로 의인화한다면 정말로 당신 인생에서 돈은 사기나 저지르고 다니는 무서운 존재가 될 것이다.

반대로 돈에 대해 이렇게 생각할 수 있다.

"돈은 소원을 이루어주는 최고의 존재야. 돈은 내 인생 최고의 파트너야."

이렇게 생각하면 당신의 우주에 존재하는 돈은 성실하고 온화하고 따뜻한 존재가 된다.

당신은 지금까지 당신이 이미징한 성격을 가진 돈들과 함께 살아왔다. 사기꾼이나 조직폭력배 같은 돈과 연결되어 온 사람은 늘 속거나 쫓기는 식으로 돈 때문에 좋지 않은 경험을 해왔을 것이다.

빚을 지고 있던 시절의 나에게 돈은 악덕 사채업자였다. 지금은 천사 같은 존재지만.

반대로, 당신이 키다리 아저씨 같은 돈들과 항상 교류를 해왔다면 무슨 일이 있을 때마다 돈에게 도움을 청하고 그 보호를 받으며, 필요할 때마다 돈이 들어와 당신을 뒷받침해주는 인생을 걸어왔을 것이다.

어떤 성격의 돈님과 함께할 것인가? 지금까지 어떻게 살아왔든지 간에 앞으로는 얼마든지 바꿀 수 있다.

우선 이 지구상에서 인연을 맺은 '돈님'을 당신이 가장 사랑하거나 신뢰하는 누군가로 치환해보자.

당신에게 무슨 일이 있으면 즉시 찾아와 도움을 줄 것 같은 영화의 주인공으로 생각해도 좋고, 어린 시절 무슨 일이 있어도 내 편을 들어주었던 상냥하고 따뜻했던 할아버지, 할머니로 생각해도 좋다. 세계적인 갑부나 글로벌 기업 CEO라고 생각해도 상관없다.

"네가 힘들 때 도움을 요청하면 언제라도 달려갈게. 내가 너를 지켜줄게."

"너의 꿈은 반드시 이루어질 거야. 내가 그렇게 만들어줄 테니 걱정하지 마."

"어떤 소원이든 말해봐. 내년에 체인점을 열고 싶다고? 내가 이루어줄게. 우린 파트너니까."

이렇게 말해주는 사람을 당신에게 들어오는 '돈님'에게 대입한다. 당신의 입장에서 돈의 성격을 정하는 것이다. 돈에 대하여 이미징을 하는 것이다.

그런 뒤에 어떻게 하냐고? 매일 '돈님'을 보면서 대화를 나누어야 한다.

우선 전기 요금, 식비 등등 매일 돈이 당신에게 안겨주는 모든 은혜에 감사하는 마음을 전한다. 그리고 위대한 돈의 신 같은 존재가 당신의 돈에 깃들어 있어 무슨 일이 생기면 히어로처럼 나타나 도와준다고 항상 의식해야 한다. 그러면 당신이 생각한 대로 열심히 움직이는 '돈님'을 만날 수 있을 것이다.

3장

당당하게
돈을 불러들여라

머니극장

7

돈은 인연으로
계속 찾아온다

오늘은 왠지 운이 좋아!

그래, 순풍이 불고 있어. 이건 기회야!

그렇다면 오늘은 돈가스를 먹자!

그래! 이것으로 소원이

이루어졌어!

어이쿠, 물벼락을 맞았네!

응? 까마귀잖아?

좋은 일이 생기려나?

그래! 이것으로 소원이

이루어졌어!

(일본은 까마귀가 길조다.)

회사에서 해고를 당했어!

이, 이럴 수가!

…이럴 때야말로,

그래! 이것으로 소원이

이루어졌어!

올바른 주문을 해서 돈을 초대하자.

지출이 많아도 걱정 없어.

모든 지출이 돈님들과 연결되어

내게로 다시 돌아올 거야.

돈님의 잠재력과 가능성은 우리 생각보다
훨씬 더 거대한 것 같아요.

당연하지!
고이케가 불과 40여 년 동안 얻은
티끌 정도의 경험이나 지식을 우주에 존재하는
무한한 정보와 비교할 수는 없지!

우주님, 또 그 말인가요?
한 번만 더 말하면 백 번이에요.(웃음)

하지만 정말 돈님의 가능성은 무한대예요.
그리고 이 사실을 깨달은 사람만이
정말로 풍요로운 삶을 얻을 수 있지요.

우주에는 기적이 얼마든지 존재해.
그러니까 제한을 두지 말고 원하는 걸
주문하는 게 중요하지.
주문을 한 뒤에 어떤 길을 갈 것인지는
우주에 맡겨두고 무조건 따라야 해.
일단 행동하는 거지.

좋은 징크스는
왜 효과가 있을까

얼마 전 돈에 대한 강좌를 했을 때 수강생들과 함께 돈가스를 먹었다. 내가 돈가스를 먹을 때는 운이 약간 약해졌다고 느낄 때와 운이 매우 좋다고 느낄 때다. 아, 그러고 보니 늘 먹는 것 같긴 하다.(웃음) 어쨌든 감기 기운이 있다고 느껴지면 돈가스를 먹고, 왠지 컨디션이 좋은 것 같으면 역시 돈가스를 먹는다.

이건 내가 평소에 "돈가스를 먹으면 부정적인 문제는 해결되고 순풍이 분다."라고 설정해놓았기 때문이다. 흔히 프로스포츠 선수들이 루틴이라고 불리는 의식을 실행하는 경우가 있는데, 그와 비슷하다.

"이것을 하면 운이 좋아진다."

이렇게 스스로 정하는 것이다.

실제로 '이걸 했을 때 좋은 일이 있었다'고 믿고 일정한 행위(행동)를 자신의 루틴으로 받아들이면 정말로 좋은 일이 생긴다는 것은 우주의 논리에도 들어맞는다.

애당초 우리는 모든 것을 스스로 정한다.

스스로 정한다, 여기에는 우주를 바꾸어버릴 만큼의 강력한 힘이 있다. 이것이야말로 당신의 우주를 바꾸는 힘이라는 것을 명심하자.

현재 우주의 형태를 만들고 있는 것은 모두 우리 자신이 '나의 우주는 이러이러하다'고 정한 개념이 형태화된 것이다. 즉, 누구 하나 예외 없이 자신이 생각해낸 우주 안에서 살고 있다는 것이다.

우리는 얼마든지 우리 자신의 인생을 바꿀 수 있다. 그러니까 '좋은 징크스'는 최대한 실행하는 것이 좋고, 자신의 내부에서 신뢰하는 루틴이 있다면 그 또한 진심으로 믿고 따르는 쪽이 좋다는 결론이 나온다.

왠지 모르게 그것을 먹으면 힘이 나는 음식, 즉 파워 푸드를 하나 정해놓으면 기운이 없는 날이나 아침부터 좋지 않은 일이 발생했을 때 "아, 이걸 먹고 새롭게 시작해야겠다."라고 간단히 기분을 전환할 수 있다. 일이 뜻대로 잘 풀린 날에도 "아, 이걸 먹고 더 좋은 결과를 내야겠다."라고 스스로를 응원할 수 있다.

모든 지출이
주문과 연결된다

"됐어. 이것으로 소원이 이루어졌어!"

이것은 이미 내 책을 읽은 사람이나 강좌에 참가했던 분들이라면 귀에 못이 박일 정도로 자주 들어본 말버릇일 테지만, 우주에 소원을 주문한 뒤에 발생하는 모든 일은 주문을 실현시키기 위해 일어난 것이다.

언뜻 부정적인 것처럼 보이거나 절망적으로 보인다고 해도 반드시 그 앞에는 당신의 소원이 이루어진 미래가 존재한다. 그렇기 때문에 중요한 것은 주문을 한 이후에 발생하는 모든 일에 'YES'라고 말할 수 있는 용기와 마음가짐이다.

우주로 주문을 낸 이후에 전혀 예상하지도 못했던 문제

에 휘말리는 경우가 있다. 그것은 지금까지 당신이 불행했을수록 보다 커다란 문제로 드러나기도 한다. 불행한 상황을 행복한 미래로 이끌어가기 위해서는 지금까지의 인생과는 전혀 다른 장소를 향하여 크게 진로를 변경해야 할 필요가 있기 때문이다.

연봉 3,500만 원을 받는 30대 남성이 "열심히 돈을 벌어서 사랑하는 사람과 결혼하여 행복한 가족을 꾸리고 웃음이 넘치는 인생을 보내겠다."라고 주문을 보냈다고 하자. 그는 부업을 시작했고, 나름대로 조금씩 수입이 나아졌다. 그런데 "이 정도라면 언젠가 부업으로 독립하더라도 살 수 있을 것 같은데…"라고 생각한 순간, 다니던 회사가 파산해버렸다.

"아, 일단 부업을 좀 쉬고 다른 회사를 알아봐야 할까요."

그렇게 말하는 남성에게 나는 이렇게 말해주었다.

"멋집니다! 축하드립니다! 우주가 방향을 전환했군요! 이대로 회사에 다니면서 부업을 같이 진행했다면 당신의 주문은 이루어질 수 없습니다. 자, 큰마음 먹고 부업에만 몰두해보십시오!"

"아, 그런 뜻이었나요?"

그러자 남성은 활짝 웃으며 부업을 본업으로 삼아 열심히 돈을 벌어보겠다고 다짐했다. 그 후 몇 년 만에 그의 연봉

은 3억 원이 넘었다. 사랑하는 사람도 만났다. 마침내 본인
이 원했던 인생이 현실이 된 것이다.

그렇다. 주문을 낸 이후에 발생하는 일은 충분히 뛰어넘
을 수 있는 장벽이고 당신의 능력을 최대한 발휘할 수 있는
터전이 된다. 자신의 능력을 깔보지 말고 단단히 결심을 하
고 전진하면 반드시 밝은 미래에 도달한다. 주문은 당신이
낸 것이니까!

연애에서도 같은 현상이 발생한다.

"결혼을 해서 자유롭게, 행복하게, 돈 때문에 고통받지 않
는 인생을 살고 싶어."라고 우주에 주문을 낸 여성이 결혼상
담소에서 우연히 소개받게 된 사람이 연봉 3,500만 원을 받
는 30대 남성이었다. 만나보니 뜻이 잘 맞았고, 왠지 처음 만
나는 것 같지 않은 친숙한 느낌이 들었다.

"하지만 나는 우주에 돈 때문에 고통받지 않는 행복한 인
생을 주문했는데."라는 생각에 여성은 연봉 1억 원을 받는
남성들을 소개받았다. 하지만 연봉 3,500만 원을 받는 남성
과 만날 때만큼 즐겁지도 않았고, 장래를 함께 설계할 만한
상대도 없었다.

결국 여성은 '연봉 따위는 관계없을지도 몰라. 이 사람이

라면 함께 맞벌이를 해도 상관없을 것 같아.'라는 생각에 연봉 3,500만 원 받는 남성과 교제했고, 결혼에 골인했다. 그런데 그가 사실은 회사에 근무를 하면서 부업으로 부수입도 올리고 있는 남성이었다. 그 후에 그 남성이 다니던 회사가 파산을 하자 그는 회사를 그만두고 부업을 본업으로 바꾸었고, 연봉 3억 원을 버는 사람이 되었다.

우주에 '행복한 인생'을 원한다는 주문을 낸 여성은 결과적으로 연봉 3억 원을 버는 남성과 인생을 함께하게 되었다.

이제 눈치챘을 것이다. 여기서 예를 든 전반부의 남성과 후반부의 여성은 각각 우주에 소원을 주문하고 파란을 겪은 뒤에 서로를 만나 행복한 커플이 되었다.

우주에 소원을 주문한 이후에 발생하는 모든 일은 주문이 이루어지기 위해 발생하는 것이다.

따라서 무슨 일이 있어도 반드시 이렇게 말해야 한다.

"됐어! 이것으로 소원이 이루어졌어!"

즉각적인 실행만이
돈을 웃게 한다

돈이 풍요롭게 순환하는 법칙은 결국 모든 소원을 이루어주는 우주의 법칙이다. 그렇기 때문에 우주에 소원을 주문하면 그 순간부터 우주는 움직이기 시작한다.

따라서 우주로 주문을 보낼 때는 우선 자신의 '인생'이 정말로 바라는 것을 중심으로 생각해야 한다.

"천만 원이 들어오도록 해주세요." 같은 주문은 우주에는 '들리지 않는' 주문이다. 돈은 어디까지나 도구일 뿐이고 우주의 입장에서는 "응? 그래서 원하는 게 뭔데?"라고 받아들이기 때문이다.

"3년 후에 하와이에서 훌라댄스 강사로 일하겠다."

이런 식으로 구체적으로 기한을 정하고 미래의 행복한 상태를 주문해야 한다. 그 주문을 들은 우주는 거기에 필요한 돈도 함께 준비해준다.

당신이 주문을 한 순간, 우주는 그 주문이 이루어지는 방향으로 움직이기 때문에 당신은 그 이후에 발생하는 사건들에 대응하면서 주어지는 힌트에 따라 확실하게 실행에 옮기기만 하면 된다.

예를 들어 수십 년 동안 만나지 않았던 사람을 거리에서 우연히 만난다거나 자신이 듣고 싶다고 생각한 강좌의 정보를 우연히 얻게 되는 식으로 반드시 힌트가 찾아온다. 그 신호를 확실하게 잡아채야 한다. "아, 이건 힌트일지도 몰라."라는 생각이 들면 즉각적으로 행동으로 옮겨야 한다.

여기에서 "이게 힌트인지 확실하게 알 수 없으니까…"라고 주저해서는 안 된다. 일단 행동으로 옮기는 자세가 중요하다. 그것이 힌트인지 아닌지는 나중에 알 수 있다. 이는 실행에 옮긴 사람만이 알 수 있다.

지구는 '행동의 별'이다. 행동하느냐, 행동하지 않느냐가 운명을 가른다.

반걸음 앞의
미래를 봐야 한다

"현재를 산다."

이 말을 들으면 어떤 인상이 떠오르는가? 지금 이 순간을 열심히 사는 것이라고 받아들이는 사람이 많을 것이다. 하지만 내가 말하려는 현재는 조금 다르다.

'현재'는 자신이 컨트롤을 할 수 있는 범위의,

바로 앞의 미래다.

사실 '지금'은 말한 순간에 이미 과거가 되어버려 스스로 컨트롤을 할 수 없다. 그렇기 때문에 몇 초, 몇 분, 몇 시간, 며칠의 단위를 '현재를 어떻게 살 것인가'와 연결 지어 생각하고 행동해야 한다.

돈을 사용하는 방법도 그렇다. 지금 수중에 있는 돈을 사용할 때에는 돈을 지출하는 순간을 기준으로 생각하는 것이 아니라 그 후에 어떤 결과를 얻을 것인지를 생각해야 한다.

다르게 말하면, 평소에 돈을 사용하는 방법의 지침을 정해두어야 한다는 것이다. 그러면 절박한 상황에서 순간적으로 돈을 어떻게 사용해야 할지 판단하기 쉽다.

하지만 '지금 이 순간'에만 얽매이면 늘 자기도 모르는 사이에 돈이 사라지고, 왠지 모르게 돈 때문에 고통을 받는 인생을 보내게 된다. 늘 지저분한 방에서 살고, 늘 인간관계가 어긋나고 갈등에 휩싸이는 등 늘 '곤란한 현재'가 되풀이된다.

지금까지 '현재'에 집착하며 살았다면, 이제는 한 걸음 뒤로 물러나 시선을 들고 세상이 얼마나 넓은지 확인해보자. 자신이 '현재' 서 있는 장소보다 훨씬 더 넓은 세상이 있다는 사실을 깨달아야 한다. 그렇게 하면 바로 앞에 있는 당신의 미래를 볼 수 있을 것이다.

머니극장

8

드림 킬러를
격퇴하라

"좋아! 결정했어!

배를 타고 세계 일주를 할 거야!"

"고이케! 진심이야?

내 자리도 있는 거지?"

"자, 배를 만들어보자!"

"뭐야, 뗏목으로 갈 거야?

그, 그건 좀…"

그때 노인 한 명이 지나갔다.

"설마 뗏목으로 바다에 나갈 생각인가?

나한테 더 이상 사용하지 않는 요트가 있는데

저걸 사용하는 게 어떤가?"

"네? 요트요?"

이렇게 해서 고이케는

뜻하지 않게 커다란 요트를 얻어

아무도 예상하지 못한 방법으로

세계 일주를 하게 되었다.

돈과 관련된 주문을 할 때도
반드시 드림 킬러가 나타나지!

그럴 때는 어떻게 헤쳐 나가야 되나요?

뭐, 그렇게 무서워할 필요는 없어요.
우선 중심을 잘 잡아야 해요.
다른 사람의 목소리도 자신의 우주에서는 결국
자신의 목소리니까요.

다른 사람들이 바보라고 하든,
있을 수 없는 일이라고 무시하든
절대로 휘둘리지 말아야 한다는 거야.
하겠다고 마음먹었으면 무조건 실행에 옮기는 거야.
실패하면 실패를 받아들이고 다시 시도해야 하지.
다른 사람의 시선 따위는 아무런 상관없어.
드림 킬러를 물리치고
너의 인생은 네가 책임을 지면 돼!

드림 킬러를 만나면
"NO!"라고 말하라

우주에 소원을 주문하면 반드시 드림 킬러가 나타난다.

이것은 지금까지의 우주에서 새로운 우주로 옮겨가려고 할 때 우주가 '정말로 그 길을 갈 각오가 있는지' 시험하고 있다는 증거다.

드림 킬러는 다양한 모습으로 나타난다. 예를 들어 독립하겠다고 결심하고 실행하려고 했을 때 친구의 모습으로 나타나 "독립은 그렇게 간단한 일이 아니야."라고 맹렬하게 반대한다. 또 결혼을 마음먹었을 때 "결혼은 인생의 무덤이야."라는 식으로 말하는 사람이 나타난다. 어쨌든 드림 킬러는 노련한 방해꾼이다.

이때 이렇게 당당히 선언할 수 있어야 한다.

"나는 주문한 대로 내가 원하는 길을 갈 거야."

이것이 주문을 이루는 중요한 열쇠다.

돈과 관련된 주문인 경우에도 드림 킬러는 반드시 찾아온다. 예를 들어 카드 할부 같은 낭비를 줄여 올해 안에 빚을 다 갚겠다고 결심한 순간, 영업을 하고 있는 친구로부터 "이번 달 실적이 너무 낮아서 큰일 났어. 천만 원짜리 상품 한 개만 사줄 수 없겠냐? 할부라도 상관없어."라는 부탁이 들어온다면, 이것도 드림 킬러다.

필요한 것은 돈을 벌어 행복해지겠다는 용기이며, 돈을 진지하게 대할 수 있는 용기다.

우주도, 돈님도 그것을 지켜보고 있다.

특히 돈과 관련된 드림 킬러는 우리가 돈 문제를 직시하고 해결하려고 노력하는 그 순간 찾아온다. 바로 앞에 펼쳐질 우리의 풍족한 인생을 방해하기 위해서다.

드림 킬러가 나타나는 타이밍은 가장 의식하지 않아도 되는 장소, 지금까지 시선을 주지 않았던 장소에서, 우리의 인생 과제를 해결하려고 분발하기 시작한 순간이다.

그렇기 때문에 돈과 관련된 주문을 우주에 보냈다면 의식적으로 납기, 마감 등의 기한이나 숫자에 집중해야 한다. 그리고 "너에게는 무리야."라거나 "술이나 마시러 가자."라는 식으로 말을 걸어오는 드림 킬러에게 "NO!"라고 말해야 한다.

물론 이렇게 냉정하게 드림 킬러를 내치기는 쉽지 않다. "NO!"라고 말하는 것이 처음일 수도 있다. 하지만 동시에 그렇게 냉정하게 맞설 수 있다면 대부분의 문제는 해결되었다고 봐도 된다. 현재 아무리 많은 빚이 있다고 해도 당신이 가야 할 방향성은 분명하게 정해졌으니까.

우리 자신이
드림 킬러일 수 있다

눈앞에 나타나는 다른 사람만이 드림 킬러라고 한정 지을 수 없다. 때로는 자신의 '마음'이 드림 킬러가 되는 경우도 있다. 진심으로 바라고 있지만 '마음이 만들어내는 거짓말 게임' 때문에 본인 스스로가 주문의 실현을 방해하는 경우가 있는 것이다.

마음은 뇌를 통해 신체 반응을 이끌어내기 위한 지령을 내린다. 어떤 경우든 신체의 안전이 최우선이므로, 마음은 신체가 부상을 당하지 않고 안전하게 이 지구에서 생활할 수 있도록 사람을 조종한다. 위험하다는 느낌이 드는 일에 대해서는 매우 민감하게 대응한다. 자신이 진심으로 원하는 일조차도 위험하다는 판단이 들면 그 위험을 피하는 쪽으로 움직이게 한다.

따라서 당신의 마음이 당신에게 거짓말을 하는 존재가 될 수도 있다.

마음이 느끼는 '위험'은 유소년기에 '이것은 위험하다'고 배운 것들을 무의식적으로 피하려는 안전장치다. 부모에게서 배운 '돈을 상대하는 방법'이나 '인생을 살아가는 방법' 역시 이 안전장치를 만들어낸다.

"돈 때문에 고통받지 않으려면 공무원으로 사는 게 가장 안전해."

"인생의 행복은 학력과 좋은 직장이 보장해줘."

이런 식으로 부모가 제시하는 행복해질 수 있는 방법이나, 부모가 자녀를 통하여 대리만족하려는 것들이 안전장치가 된다. 대부분의 부모는 그것이 '자녀의 행복을 위한 것'이라고 믿지만, 그렇지 않다.

성인이 되어가면서 부모의 그런 생각들이 잘못된 것이라는 사실을 이해하지만, 그럼에도 어린 시절에 배운 행복의 지표나 인생을 안전하게 보내려 하는 안전장치는 성인이 된 이후에도 계속 작용한다. 자립하여 생활하면서 모든 것을 스스로 선택할 수 있게 된 이후에도 마음은 역시 불확실한, 어린 시절의 그 안전장치가 자신의 몸을 지켜준다고 믿고 있는 것이다.

마음은 몸의 안전을 최우선하기 때문에 정말로 원하는 것이 무엇인지 깨닫지 못하도록 어린 시절에 각인된 가치관을 기준으로 살아가게 만든다.

하지만 당신은 "이게 옳아."라고 믿으면서도 왠지 모르는 위화감을 느낄 것이다. 그렇다. 마음의 거짓말을 간파할 수 있는 기준이 바로 왠지 모르게 느껴지는 이 위화감이다. 거기에 설렘이 존재하는지 가만히 들여다보길 바란다.

물질세계에서 살아남기 위해 갖추어진 '마음'과 우주에 가까운 존재인 진정한 당신. 즉, 우주와 연결되어 있는 당신의 잠재의식은 원하는 것을 이루려면 어떻게 행동해야 하는지 잘 알고 있기 때문에 우주를 통하여 뭔가 깨달음의 메시지를 보낸다.

그럴 때 느껴지는 것이 '위화감'이다.

따라서 현재의 생활에서 위화감이 느껴지는 부분이 있다면 그것은 인생을 되돌아볼 수 있는 좋은 기회라고 여겨라.

풍요로운 우주와
너의 잠재의식이
연결되어 있다는
사실을 기억해!

4장

돈을 활짝
웃게 하라

머니극장

9

드디어 돈의 시대가
찾아왔다

헨젤 고이케와 그레텔 우주님은

숲속에서 길을 잃었다.

"아! 금화다!"

둘은 땅바닥에 떨어진 금화를 발견하고,

그 금화들을 따라 걸어갔다.

한참을 걸어가다 이윽고 둘은

금화로 만들어진 집에 도착했다.

"와, 엄청난 금화야!"

헨젤 고이케는 금화를 자루에 담고

이렇게 말했다.

"좋아! 이 돈이면 나는 세계 최고의 부자야.

이 장소는 아무에게도 가르쳐주지 않을 거야."

그렇게 말한 순간,

금화로 만들어진 집이 눈앞에서 사라져버렸다.

그레텔 우주님은 금화를 자루에 담고 이렇게 말했다.
"좋아, 이 돈을 가지고 돌아가서
사람들과 함께 뭔가 즐거운 일을 해야지.
이 장소도 사람들에게 가르쳐줘서 다 함께
행복하게 사는 거야! 금화님! 감사합니다!"
그 순간, 금화로 만들어진 집이 쑥 커지고
하늘에서도 금화들이 비처럼 떨어졌다.

앞으로는 돈의 시대이지요.

너, 그 말의 참뜻을 제대로 알긴 하는 거야?

 참뜻이요?

돈의 시대라는 건 돈의 시대가 끝나는
시대이기도 하다는 뜻이에요.
물질적인 돈은 점차 입자처럼 눈에
보이지 않는 것으로 변할 테니까요.

 앞으로 몇 년 동안은 지금까지 맺어온
돈과의 진부한 관계를 얼마나 바꿀 수 있는가
하는 것이 승부가 될 거야! 그리고 순환 시대로
들어가니까 모든 사람들이 웃을 수 있도록,
무엇보다 스스로가 행복해질 수 있도록 돈을
사용하지 않는 한 부자는 될 수 없어!

돈에 얽매이지 않는다

"바람의 시대가 찾아왔다."

2021년, 일본에서는 바람의 시대가 큰 이슈였다. 서양 점성술에 따라 세상을 구성하는 원소 중 하나인 '바람'의 시대가 도래했다는 것이다. 지금까지 '흙'의 시대라 하여 물질적이고 형태가 있는 것을 추구했다면 앞으로의 200년은 지식, 정보, 창의성, 유연성 등 무형의 것들을 추구하는 것이다.

솔직히 나는 정신적인 세계의 이야기나 별의 움직임 같은 것에 관해서는 잘 모른다. 다만 개인적인 감각으로 지금 우주가 크게 변화하고 있다는 것은 확실하게 느낀다.

물질적인 시대에서 정보의 시대로, 안정적인 시대에서

여행하듯 가치관을 바꾸어가는 시대로. 이것을 '바람의 시대'라고 칭하는 것이라면 맞는 표현인지도 모른다.

나는 최근 사람들에게 "돈의 시대가 찾아왔다."라고 전하고 있다. 돈의 시대는 앞으로 몇 년 동안 이어질 것이다. 단, 내가 말하는 '돈의 시대'는 돈을 중요시하는 시대라는 뜻이 아니다. 오히려 그 반대다.

내가 생각하는 돈의 시대는 '돈에 얽매이지 않는 시대'로의 변화다.

앞으로는 모든 물질적인 것, 정해진 규칙, 개념으로부터 해방되어 각각의 규칙으로 자유롭게, 하지만 행복하게 살아갈 수 있는 시대가 찾아온다.

돈도 점차 자유로워진다.

지금까지는 지폐=돈, 동전=돈이었다면 디지털화폐가 등장하면서 돈의 개념에도 변화가 생겼다. 지갑도 소형화되었다. 한때는 "부자가 되고 싶으면 지갑에 천만 원을 넣고 다니며 그 무게를 느껴보는 것이 좋다."는 식의 개운법開運法도 있었는데, 앞으로는 이 말도 사라질지 모른다.

지금까지의 돈의 가치관에서 벗어난다는 의미에서 앞으로 몇 년은 철저하게 돈의 개념과 맞서야 하는 시대다.

그렇기 때문에 나는 '돈의 시대'라고 전하고 있는 것이다.

앞으로는 돈을 많이 벌어 저금을 한다기보다는

그것을 바람에 실어 순환시키는 쪽,

즉 어떻게 사용하는지가 중요해진다.

풍요로움을 한 장소에 머무르게 하는 것이 아니라 적극적으로 가족과 주변 사람들도 행복해질 수 있도록 사용해야 우주도 축복을 해줄 것이다.

이제 돈은 물질이라는 개념에서 벗어나 자유의지를 꽃피울 테니 '돈님'을 당신의 우주 안에서 지금까지보다 더 자유로운 존재로 만들어주어야 한다.

부정하지 않고, 그 움직임을 방해하지 않고,

편안하고 즐겁게, 돈이 행복을 느낄 수 있도록 해야 한다.

돈은 한곳에
가두어두는 것이 아니다

돈에 자유의지가 있다는 말은, 자신에게 들어왔다고 해서 '내 것이니까 내가 시키는 대로'라는 생각을 가지면 안 된다는 것이다.

돈을 가두거나 수하처럼 다루는 사람에게는

돈이 모이지 않는다.

일본에는 신에 대한 사고방식이 강하게 남아 있어서 모든 사람이 신의 자식이고 모든 사물에 신이 깃들어 있다고 생각한다. 이 사상으로 본다면 돈 역시 신이다. 만약 가시화할 수 있다면 그것은 황금색의 용일지도 모른다.

용이 자유롭게 하늘을 날며 돈을 뿌리는 모습을 상상해

보자. 떨어져 내린 돈들 아래에 풍요로움이 탄생하고 온 우주가 황금색으로 빛나 사람들이 더욱 행복해진다면… 아무도 이 용을 가두어두려고 하지 않을 것이다.

돈이 들어오는 지갑이나 통장은 신이 머무는 장소다. 그러니까 돈의 신이 당신의 지갑으로 찾아와준다면 소중하게 맞이하고, 진심으로 존경하며, 내보낼 때에도 최대한 예의를 갖추는 정도의 마음가짐을 가져야 한다.

돈이 오가는 풍요로운 우주와의 인연을 끊지 말고 그 인연의 폭이 더욱 넓어지는 이미지를 항상 머릿속에 그리자.

머니극장

10

지금 가진
풍요로움을
소중하게 여겨라

할아버지에게 도움을 받은 고이케 학이

아가씨로 변하여 은혜를 갚으러 왔다.

"천을 모두 짤 때까지

절대로 들여다보지 마세요."

아가씨는 이렇게 말하고 방으로 들어갔다.

"으음… 깃털은 한계가 있으니까
신중하게 뽑아서 사용해야 해!"
고이케 학은 한 땀 한 땀 정성을 다해
천을 짜기 시작했다.

몇 개월 후…

"아가씨가 방에서 전혀 나오지를 않네."

"그러니까요. 매일 식사를 두고 가기는 하는데
방에서 꼼짝도 하지 않는 것 같아요."

"신중한 것도 중요하긴 해.

확실히 그렇기는 한데,

대체 언제 완성해서 은혜를 갚겠다는 거야?"

언젠가 인생에 나타날지도 모르는
'꿈의 돈'을 기대해서는 안 돼!

복권 같은 것 말이지요?

'언젠가'라는 것은 우주에서는
거부의 에너지예요. 돈님들도 '아, 저 사람은
나를 거부하고 있어.'라고 받아들이지요.

그럼 어떻게 해야 하죠?

지금 사용할 수 있는 돈을 어떻게
웃음과 행복으로 바꿀 수 있을지를 생각해야지.
예를 들어 1,500만 원밖에 없다면
그 돈으로 무엇을 살 것인지, 그 사용 방법을
진지하게 생각해봐야 하는 거야.
모든 것은 거기에서부터 시작되니까!

가지고 있는 돈을
의미 있게 사용한다

사람은 현재 보유하고 있는 것을 당연하다고 생각해서 있는 쪽보다 없는 쪽, 자신이 가지고 있지 않은 쪽에 눈길을 돌리기 쉽다.

이미 가지고 있는 풍요로움을 새삼 깨닫게 해주는 것이 "감사합니다."라는 말이다.

"감사합니다."라는 말 자체가 풍요로움의 에너지를 증폭시키는 키워드다. 언제 어디서든 "감사합니다."를 말버릇처럼 사용하면 다양한 기적들이 일어날 것이다.

그리고 더욱 풍요로워지고 싶다면 현재 가지고 있는 돈 님과 진지하게 대화를 나누어야 한다.

모든 가능성을 생각하고 돈님이 "그렇게 사용하는 방법도 있었구나!"라고 자기도 모르게 미소를 지을 수 있는, 돈님이 기뻐할 수 있는 사용 방법을 함께 찾는 것이다. 적은 돈이라도 그런 식으로 사용하는 것이 무엇보다 금전운을 향상시키는 비결이다.

나는 빚을 지고 있던 시절에 의류 판매점을 운영했다. "빚을 반드시 갚겠다."라고 결심한 이후 우선적으로 고민이 되었던 것은 이대로 의류 판매점을 운영하면서 변제를 할 것인지, 아니면 의류 판매점을 접고 회사를 다니며 변제를 할 것인지의 선택이었다.

하지만 즉시 결정이 내려졌다. 매달 450만 원의 변제를 하고 있는 나로서는 회사에 취직한다고 해서 변제를 할 만한 돈을 벌 수 있다는 보장이 없었고, 아르바이트를 한다고 해도 쉽게 충당할 수 있는 금액이 아니었기 때문이다. 그렇다면 내가 운영하는 의류 판매점을 활용해서 보다 많은 수익을 올릴 방법을 고민해야 했다.

그래서 이른 아침에 다른 아르바이트를 하고 의류 판매점은 계속 유지하기로 했다. 의류 판매점 운영에서는 당시에 유행하고 있던 양복 스타일을 바꾸는 것부터 시작하기로 했다.

"좋아. 할 수 있는 건 뭐든지 다 해보는 거야!"

이렇게 생각했을 때 사람은 잠재된 능력을 발휘하게 된다. 우선 나약한 말은 하지 않았다. 그 대신 지금 가지고 있는 돈은 반드시 의미 있게 사용하기로 했다. 10만 원, 1만 원, 아니 단돈 100원이라도.

의류 판매점의 상품 구입은 위탁 판매가 아니라 선불을 주고 매입하는 방식이었다. 따라서 팔리지 않으면 당연히 적자가 났다. 당시 나는 의류 중에서도 주로 양복을 취급하고 있었는데, XS에서 LL까지 모두 갖추고 싶지만 그럴 경우 리스크가 너무 컸다. 그래서 매입을 할 때 "이런 무늬를 좋아할 고객은⋯." 하는 식으로 우선 단골손님을 머릿속에 떠올리고 판매 확률이 높은 사이즈만을 매입했다.

제품을 매입할 때 너무 많은 시간이 걸리다 보니 상대방이 질리다고 할 정도였다. 하지만 사용할 수 있는 돈은 한정되어 있었기 때문에 내 입장에서는 신중하고, 또 신중할 수밖에 없었다.

"어떤 돈이든 반드시 의미 있게 사용한다."는 것은 생활면에서도 마찬가지다. 수중에 1,500원밖에 없으면 그 돈으로 살 수 있는 꼬치구이는 숯불에 직접 구운 꼬치구이가 나을 것인지, 아니면 양념이 충분하게 들어가 있어서 그 양념도 활용할 수 있는 통조림이 좋은 것인지, 항상 그 금액으로 즐길 수 있는 최대치를 생각하고 찾아냈다.

아, 이런 일도 있었다. 도쿄에서 일하고 있을 때였다. 일 때문에 손목시계가 꼭 필요했는데 내가 사용할 수 있는 돈은 3만 원밖에 없었다.

쇼핑 센터에 갔더니 그 정도 예산으로도 살 수 있는 시계가 있기는 했다. 하지만 디자인이 마음에 들지 않았던 나는 몇 개의 시계 판매점을 돌아다녔다. 큰돈이라고 말할 수는 없겠지만 당시의 내게 3만 원은 적은 돈이 아니었다. 대충 아무거나 구입해서 착용하고 싶지는 않았다.

몇 번째의 판매점이었을까. 나는 그곳에 진열되어 있는 시계를 보는 순간, 나도 모르게 "어! 이거 맘에 드는데!"라고 말했다.

그것은 검은색 원판 안에 숫자만 단순하게 늘어서 있는 시계였다. 하지만 비스듬히 보면 원판 위가 돔 형태처럼 부풀어 오른 독특한 디자인이었다. 마침 가격도 3만 원. 나는 만족스럽게 그 시계를 구입했다.

시계를 손목에 착용하고 다니면 일을 하는 도중에 "멋진데!", "재미있는데!"라는 식으로 사람들과 대화를 나눌 수 있는 계기가 자연스럽게 만들어졌다. 나는 그 시계를 꽤 오랜

기간 소중하게 착용했다. 내게는 3만 원이 아니라 그 열 배 이상의 커다란 가치를 안겨준 시계였다.

손에 넣고 싶은 돈에만 집중하지 않고
'지금 가진 돈'에 집중하여 최대한 의미 있게 사용한다면
돈님도 "아! 나의 존재를 인정하는구나."라고
눈을 빛낼 것이다.

이것이 돈을 새롭게 대하는 방식이다.

자유롭게 쓸 수 있는 돈이 10만 원이라면 그 돈을 어디에 쓸 것인지, 마음속으로 진지하게 생각해보자. 어떻게 하면 돈을 웃게 할 수 있을까?

가슴이 설레지 않으면 1원도 쓰지 않는다

평소에 내가 기분파처럼 돈을 쓰는 것으로 보일지도 모르지만 사실은 그렇지 않다. 거기에 '기쁨'과 '설렘'이 있는 지가 중요하다. 가슴이 설레지 않는 데에는 단돈 1원도 쓰지 않는다. 이 기쁨이나 설렘은 나중에 죄악감으로 바뀔 일이 없는 순수한 것이다. 가끔 "돈을 쓸 때에는 가슴이 설렜지만 쓰고 난 이후에 엄청난 죄악감이 밀려와서….".라고 말하는 사람이 있는데, 이것은 진정한 의미에서의 기쁨과 설렘을 맛보지 않았기 때문이다.

돈을 쓴 이후에 죄악감에 사로잡히는 사람들 대부분은 마음속으로 그런 결과가 나올 것을 이미 알고 있다. 그런 상황에서도 충동을 이기지 못하고 돈을 쓴 결과 죄악감에 사로잡히는 것이다. 그 죄악감은 알고 있으면서도 스스로를 통제할 수 없었다는 데에서 오는 것이다.

돈을 쓰기 전에 그 사실을 알고 있는가, 모르고 있는가를 놓고 볼 때 내 경우라면 잘 알고 있다. 앞에서도 말했듯 돈을 쓰는 그 순간을 최대한 음미하기 때문이다. 음미하는 시간도 내게는 행복한 순간이니까.

돈은 항상 선불의 법칙으로 움직인다. 예를 들어 저금통에 돈을 넣으면 저금통이 '풍요로움의 증폭 장치'처럼 움직이고, 그 내부에 무한대로 펼쳐져 있는 풍요로움이 내게 쏟아져 내리는 듯한 느낌이다.

나는 기쁨이 탄생하는 장소에 기꺼이 돈을 사용한다. 내가 좋아하는 운동화나 시계, 자동차, 그리고 소중한 사람들과의 식사, 이런 일에 돈을 아끼는 경우는 없다. 사용한 돈과 기쁨이 순환을 하면서 나의 우주를 풍요롭게 만들어준다는 사실을 잘 알고 있기 때문이다.

돈을 쓰는 방법의 기준은 항상 거기에서 '기쁨'이 탄생하는가, 그렇지 않은가 하는 것이다.

돈을 쓰는 본인은 물론, '돈님'도 즐거움과 재미를 느낄 수 있는 방법을 하나하나 찾아보자.

선불과 낭비의
차이를 구분한다

돈은 물론이고 우주의 모든 것은 '선불의 법칙'으로 움직인다. 먼저 우주에 소원을 주문해야 우주가 움직이기 시작하고, 우주에 질문을 던져야 답변이 돌아온다. 용기를 가지고 실행을 해야 '보답'이 돌아오고, 행복해지겠다는 각오를 해야 행복한 상태가 만들어진다.

그렇기 때문에 모든 것은 선불이다. 한 걸음 내디딜 용기를 갖추고 선불의 법칙을 실행해보자.

한편, 선불의 법칙과 돈에 관해서 이야기할 때 반드시 등장하는 질문이 있다.

"선불과 낭비의 차이가 무엇입니까?"

매번 이런 질문을 받는다는 것은 돈 문제를 끌어안고 있는 사람일수록 이 차이가 무엇인지 고민하는 경우가 많다는 의미일 것이다. 선불을 지불할 때는 '돈을 기쁜 마음으로 내보낼 수 있는가?' 하는 것이 갈림길이고, 그 선불이 '자신이 주문을 한 이상적인 인생을 손에 넣기 위한 것인가?' 하는 것이 중요하다.

선불을 지불한다는 생각으로 지출을 했는데, 결국 돈만 낭비하는 것으로 끝나버렸다고 말하는 사람도 있다. 이 경우에는 우선 돈을 지불하는 대신 무엇을 얻었는지에 관해 생각해봐야 한다.

이것을 심리학 용어로는 '이차적 이득secondary gain'이라고 하는데, 본인이 어느 정도 고통을 느끼고 그 행위를 지속하면 뭔가를 잃는 것처럼 보이지만 '사실은 손에 들어오는 무엇인가'가 있다는 개념이다.

예를 들어 '돈을 잃는다', '돈을 손에 넣을 수 없는 상태가 된다'는 불안감으로 인해 '사치를 하는 자신을 포기할 수 있다'는 결과를 낳는 경우도 있다. 돈이 없다. 돈을 손에 넣을 수 없다. 그렇기 때문에 사실은 하고 싶은 그 일에서 손을 떼어도 된다고 스스로에게 면죄부를 주는 것이다.

"그런 걸 바라는 사람이 있다고?"라고 생각할 수도 있다.

하지만 생각해보자. 자신이 눈에 띄지 않았던 것, 재능을 발휘하지 못했던 것에 의해 자신의 입장이 지켜진 경험 등이 있다면 무의식중에 '이것이 가장 안전하다'고 판단했기 때문이 아닐까? 이차적 이득을 확인하고 싶다면 우주에 이런 질문을 던져봐야 한다.

"이렇게 돈을 사용함으로써 나는 어떤 혜택을
받고 있는가?"

대답이 즉시 떠오르지는 않더라도 어느 순간에는 깨닫게 될 것이다. 기쁜 마음으로 계산대로 가서 돈을 꺼내 "고마워! 친구들과 함께 또 찾아와."라고 말하면서 값을 지불할 수 있다면 이것은 선불이다. 자신이 낭비 경향이 있는지, 아니면 꿈을 위해 선불을 지불하고 있는지 스스로를 되돌아보자.

손해 본다고 여기면서
굳이 대접하지는 마라

"돈이 모이지 않는 사람은 어떤 사람입니까?"

이런 질문을 받으면, 나는 자신의 내부에 존재하는 '진정한 자신'에게 칭찬받지 못하는 방법으로 돈을 쓰는 사람이라고 대답한다.

그런 사람이 돈을 사용하는 특징 중 하나는 다른 사람에게 선물을 하거나 한턱 내는 것을 좋아한다는 것이다. 또 다른 사람에게 돈을 쓰는 것을 최우선하면서 자신에게 돈을 쓰는 데에는 저항감이 있는 사람이다.

늘 다른 사람을 우선한다.

그래 놓고 '늘 나만 손해를 본다'는 의식에 빠진다.

마음속에 이런 생각이 있으면 겉으로는 누군가를 행복하게 해주기 위해 돈을 사용하는 것처럼 보이지만, 상대방은 있는 그대로 "고마워!"라고 받아들이지 않는다.

사람의 마음속에 있는 생각은 에너지가 매우 강해서 주변에 그대로 전달된다.

상대방에게도 대접을 받았다는 사실보다 대접을 해준 사람의 '늘 나만 손해를 본다'는 부담스러운 감각이 더 강하게 가닿을 것이다. 대접을 받은 쪽은 '왠지 기분이 안 좋은데.'라고 생각하게 되고, 그 결과 어울리고 싶지 않다고 생각하게 되어 마음까지 멀어져버린다.

그렇기 때문에 이런 행동을 계속하다 보면 인간관계에 금이 간다. 그리고 어렵게 찾아온 돈을 늘 다른 사람을 위해 사용하게 된다….

더구나 그런 행위에서 진심으로 기쁨을 느끼지 못한다면 어떻게 될까? '돈님'은 틀림없이 "나는 당신을 행복하게 해주려고 찾아왔는데 당신은 다른 사람을 위해 돈을 사용하면서 불행한 표정을 짓고 있다니…." 하고 슬픈 표정을 짓게 될 것이다.

아무리 적은 금액이라도 자신에게 쓸 수 있는 돈,

기쁨을 느낄 수 있는 돈을 남겨두고 사용해야 한다.

꽃을 구입하는 것도 좋고 라테를 한 잔 음미하는 것도 좋다. 내 경우에는 빚에 허덕이던 시절, 변제할 금액을 착각한 척해서라도 발포주 한 잔 사 마실 정도의 돈은 반드시 확보해두었다. 작은 행복의 기억이다.

머니극장

11

돈은 한곳에
머물기보다
돌아다니기를
좋아한다

옛날 어느 곳에 성실한 나무꾼이 있었다.

"금도끼를 손에 넣어

세계 최고의 나무꾼이 되고 싶어!"

그는 매일 신사를 찾아가

"감사합니다!"라고 말한 뒤에 일을 나갔다.

그러던 어느 날, 나무꾼은 일을 하다가
손이 미끄러져 쇠도끼를 샘물에 빠뜨렸다.
그러자 보글보글 소리가 나더니
샘물 속에서 신이 나타났다.
"나는 샘물의 신이다.
늘 신사에 불전을 넣어주어 고맙다.
네가 원하는 건 금도끼냐, 은도끼냐?"

성실한 나무꾼은 이렇게 말했다.

"제가 떨어뜨린 도끼는 쇠도끼였고,

불전은 매번 넣는 것도 아닌데요….."

그러자 샘물의 신이 손에 든 쥘부채를 흔들며

버럭 화를 냈다.

"이 멍청아!"

"내가 불전을 넣어줘서 고맙다고 하면
넌 그런 줄 알면 되는 거야!
더구나 금도끼를 원하느냐고 물어보면
원한다고 말해야지, 이 멍청아!"
"네? 그게 그럼…?"
"주문을 하고 행동에 옮겼으면
결과를 그냥 받아들이면 되는 거야!"

신사에서 불전을 올리거나
기부를 하면 돈이 들어온다고
생각하는 사람이 많은 것 같아요.

뭐, 틀린 생각도 아니겠지만
어떤 마음으로 그것을 실행하느냐가 문제지.

꺼림칙한 마음으로 기부를 하면
돈들도 슬퍼하니까요.
돈을 사용할 때에는 돈님도, 자신도
기쁜 마음을 가질 수 있는지가 열쇠예요.
웃는 얼굴로 기부를 할 수 있다면
그 기부는 풍요로움으로 돌아오겠지요.

한 치 앞은 빛나는 세상이니까
그것을 잊지 않고 고이케처럼 늘 웃는 표정으로 돈을 쓰는
사람은 이러니저러니 해도 늘 돈으로부터 사랑을 받지.
돈을 쓰는 데 겁을 먹고 두려워하는 사람에게는
돈이 들어오지 않아.

저금은 불안감을 덜기 위해
하는 게 아니다

　돈을 움직여 풍요로움을 즐기는 시대다. 돈을 사용하는 방법에 관하여 지금까지 죽 설명했지만 '돈이 없어질 것을 걱정하여 저금을 한다.'는 방향으로 움직여버리면 과거의 제한적이고 부정적인 돈의 개념으로 되돌아간다.

　"돈을 모아 강좌를 듣고 싶다."라거나 "돈을 모아 현금으로 집을 구입하고 싶다."는 식으로 사용 목적을 주문한 이후에 돈을 모으는 것은 소원을 실현시키기 위한 행동의 하나이지만, "병에 걸리면 곤란하니까."라거나 "노후 자금이 없으면 살기 어려우니까."라는 이유에서 돈을 모으려 하면 그것들이 주문이 되어 걱정했던 문제가 현실로 나타난다.

두려움 때문에 발신한 것, 행동한 것은 반드시 두려움을 증폭시켜 현실 세계에 실현시킨다.

일시적으로 돈을 모으든, 돈을 사용하든 언제든지 돈과 관련이 있을 때에는 웃는 얼굴을 유지하는 것이 철칙이다.

"풍요로움을 체험하고 싶으니까 돈을 모으는 거야. 후후, 돈님들, 고마워! 나중에 멋지게 써줄게. 야호!"

이런 사람은 돈을 모으는 행위에 의해 더 큰 풍요로움을 체험할 수 있다. 돈은 늘 웃는 얼굴로 대해야 한다.

"한 치 앞은 빛나는 세상이다."

이렇게 믿어 의심치 않는 사람은 항상 웃을 수 있다. 그리고 웃음을 잃지 않는 사람에게는 역시 웃음을 잃지 않는 사람들이 모여든다.

물론, 인간이니까 불안을 느끼는 경우도 있고, 뜻대로 풀리지 않는 경우도 얼마든지 있을 테지만 그런 상황에서도 "좋아! 미소를 잃지 말고 최선을 다하자."라고 생각하는 사람만이 빛을 그러모을 수 있고, 한 걸음 더 전진하여 빛이 가득한 세상으로 나아갈 수 있다.

기부를 통해
풍요로움을 끌어온다

"부자가 되려면 기부를 하라고 해서 나름 노력하고 있지만 나 자신이 돈에 여유가 없는 상태에서 기부를 하려니 힘이 듭니다."

내 강좌를 듣고 있는 수강생이 이런 말을 했다. 기부의 핵심을 놓치고 있어서다.

기부는 그 사람이 현재 놓여 있는 상황, 기부를 했을 때의 기분 등이 매우 중요하다.

기부는 유대교 부호들 사이에서 오래전부터 습관처럼 이어져 내려오는 것이기도 하다. 그들은 자신들이 엄청난 부를 얻는 대신 그 10%를 사회를 위해 사용하는 것을 대대로 지속해왔다. 자신들이 얻은 돈을 누군가를 위해 사용함으로써 풍요로움이 순환하도록 하는 것이다. 따라서 "내가 더 벌면 세상 사람들은 행복해진다."라는 마인드로 당당하게 경제활동을 하는 것이다.

한편, 빚이 있는 경우는 어떨까? 유대인 부호들의 습관을 흉내 내어 기부를 한다는 것은 옳기도 하고 그르기도 하다. 그 옳고 그름을 판단하는 기준은 기부를 했을 때 스스로가 기쁨을 느끼는가, 아니면 슬픔을 느끼는가다.

부정적인 기분으로 내키지 않는 기부를 할 때 돈은 이렇게 생각한다.

"힘들게 찾아와줬더니 기분 나쁜 마음으로 기부하는 데에 사용한다고? 그럴 바에는 차라리 자신을 위해 쓰는 게 훨씬 낫지. 나는 당신을 슬프게 하려고 찾아온 게 아니라고."

돈은 애당초 기쁜 마음으로 사용해줄 수 있는 사람에게 돌아온다. 그러니까 기부를 할 수 있는 자신, 기부를 하고 있는 자신에게 진심으로 기쁨을 느낄 수 없다면, 그리고 기부를 하는 것으로 "됐어! 이것으로 소원이 이루어졌어!"라고 진심으로 생각할 수 없다면 지금은 기부를 할 시기가 아닌지도 모른다.

단, 한 가지 생각해두어야 할 일이 있다. 만약 당신이 본래 얻을 수 없었던 큰돈을 자신을 위해서만 사용하거나 모으고 있다면 10%는 사회에 환원하기 바란다. 이 '본래 얻을 수 없었던 돈'은 이른바 '횡재'라고 불린다.

'횡재'는 예상하지 못한 곳으로부터 들어온 돈이며, 다른 사람의 불행을 전제로 들어온 돈일 수도 있다. 예를 들어 교통사고로 인해 상대방의 보험사로부터 들어온 돈이거나 위자료 같은 형식으로 들어온 돈이라고 표현하면 이해하기 쉬울 것이다. 또 복권 같은 것도 어떤 의미에서 이런 종류라고 말할 수 있다. 이런 '본래 얻을 수 없었던 돈'은 사회를 위해 어느 정도 환원시키는 것으로 당신도 풍요로워진다.

한편, 올바르게 얻은 정당한 돈은 '정재正財'라고 하는데, 이것은 자신을 위해 100% 사용해도 순환은 정상적으로 돌아가니 걱정 말고 자신이 기뻐할 수 있는 일에 사용하면 된다.

감사의 마음을
행동으로 표현하라

신사의 불전함에는 '정재淨財'라는 단어가 씌어 있다. 세상 사람들을 위해, 다른 사람을 위해, 이익을 돌아보지 않고 사용하는 돈을 '정재'라고 부른다.

기부 자체도 '정재'가 되지만 불전함에 넣는 돈은 내게 있어서 현재에 대한 '감사의 돈'이다. 불전함에 넣는 돈은 '신에게 받은 복에 대하여 진심으로 감사를 전하는 것'이기 때문에, 어디까지나 감사의 마음을 행동으로 표현한다는 의미를 담고 있다.

한편, 내가 개인적으로 불전함에 돈을 넣는 이유는 참배를 하는 신사가 아름다운 모습을 계속 유지해주기를 바라는 마음이 깃들어 있기도 하다.

그리고 불전함 역시 우주의 풍요로움과 연결되는 유통 장치임을 믿는다. 그 상자 안에 돈을 넣으면 '돈님'들의 우주와 우리 각자의 우주가 연결되어 풍요로움의 황금 입자가 마치 용처럼 날아서 오가기 시작한다. 머릿속으로 그런 이미지를 그려보면 즐거워진다.

최근에는 불전함에 직접 돈을 넣는 것이 아니라 카드로 지불을 하는 경우도 있다고 하니, 지금까지의 개념을 뒤집는, 그야말로 '바람의 시대'가 도래했음을 실감한다.

눈에 보이지 않는 것으로 가치가 옮겨간다면 중요해지는 것은 정보나 지식, 지혜, 언어다. 그리고 이미지를 그릴 수 있는 능력이다. 이것들이 '개인'의 능력을 높여주고 각자의 우주를 빛나게 해주는 중요한 힘이다.

5장

돈의 저주를
풀어라

머니극장

12

돈에 대한 지나친
걱정도 저주다

빚을 변제하기로 결심한 고이케 개미가
열심히 일을 했다.
어느 날 우주님 베짱이가 찾아왔다.
"고이케, 그렇게 많은 빚을 졌으면서
뭘 어떻게 해결하겠다고 그렇게 열심이냐?
이렇든 저렇든 시간이 지나면
어차피 우주로 돌아갈 거야.
빚이 있건 없건 아무 상관없다고."

"하지만 이제 곧 겨울이 올 거예요.
저는 빚을 갚고 따뜻한 집에서
가족과 함께 겨울을 보내고 싶어요."
고이케 개미는 따뜻한 겨울을 꿈꾸며
희망을 가지고 계속 일을 했다.

호오

그해 겨울, 고이케 개미는 꿈꾸었던 대로
따뜻한 집에서 가족들과 행복한 겨울을 보냈다.
한편, 우주님 베짱이는
고이케 개미의 집으로 밀고 들어와
역시 즐거운 시간을 보냈다.

"여어, 고생 많았어, 고이케 개미!"

"우주님 베짱이는 대체 왜 이렇게 사는 거예요?

이래서는 아무런 교훈도 안 되잖아요."

"아, 이게 내 스타일이야. 괜찮아.

나는 이렇게 살아도 행복해."

행복한 겨울은 행복한 봄을 데려올 것이다.

노후를 걱정한다면 모두가 필사적으로
돈을 저축하려고 하겠지요?

그렇지요! 하지만 아무리 많은
돈을 모은다고 해도 거기에 '불안'이라는
감정이 존재하는 이상, 우리는 자유롭게
행동하기 어려워요. 우주의 풍요로움은 무한대라서
강물의 흐름이나 공기처럼 멈추지 않고
항상 흘러가고 싶어 하거든요.

그럼 어떻게 해야 불안감 없이
행복한 마음으로 돈을 사용할 수 있을까요?

그야 당연한 거 아냐?
먼저 "나는 행복하다."라고 정해야지.
"나는 마음 놓고 편하게 살고 있어."라고 정해야 하는 거야.
자신의 우주의 책임자로서, 자신의 행복이나
안도감은 스스로 책임을 져야 하는 거라고!
그런 각오도 없이 풍요로운 삶을 즐기겠다는
생각은 버려야 해!

걱정이 많으면
돈이 다가오지 않는다

자신이 뱉는 말은 그대로 우주로 보내는 주문이 된다. 그렇기 때문에 평소에 어떤 말을 사용하는지에 따라 어떤 나날을 보내는가, 어떤 인생을 보내는가, 돈의 혜택을 받을 수 있는가 등이 정해진다.

내가 처음으로 쓴 책《2억 빚을 진 내게 우주님이 가르쳐준 운이 풀리는 말버릇》에서 거듭 강조하며 전한 것이 바로 그런 내용이었다.

돈은 걱정과 불안의 에너지에 매우 민감해서 그런 에너지가 있는 장소에는 다가가지 않는다.

돈 자체가 풍요로움의 에너지이니 당연하다면 당연하다.

그렇기 때문에 매 순간 돈을 신뢰하고 돈에 대해 좋은 말을 사용해야 한다.

"하지만 수입이 불안정한 상태라면 당연히 걱정이 될 수밖에 없지요."

"하지만 갚아야 할 빚이 많은데 안심할 수가 없지 않습니까? 불안해하는 게 정상이죠."

"생활이 안정되고 경제적 여유가 생기면 불안감은 당연히 사라지겠지요."

이렇게 말하는 사람들도 있다.

하지만 나는 그 반대라고 생각한다. 대부분의 사람들은 어떤 문제가 있기 때문에 고민하고 걱정하고 불안해진다고 생각하지만 그렇지 않다. 걱정을 하고 불안해하고 고민을 하기 때문에 그것이 현실화되어 문제가 발생하는 것이다. 이것이야말로 우주로 보내는 주문과 그것이 실현되는 과정이기도 하다.

우주는 발신을 먼저 받고 움직인다.

항상 발신이 먼저다.

돈을 신뢰하지 않아서 불안해진다. 그렇기 때문에 불안감을 느끼는 사건이 발생한다. 돈에 대한 부정적인 마음이

커서 매사에 걱정이 사라지지 않는다. 그렇기 때문에 걱정을 할 수밖에 없는 사건이 잇달아 발생하는 것이다.

"오늘 뭐 기분 나쁜 일 있었어?"

이런 질문을 받으면 무의식중에 "아, 그러고 보니…" 하고 기분 나빴던 일을 찾으려 하는 것과 마찬가지로, 돈에 대한 걱정이나 불안감이 낳는 것은 돈을 신뢰할 수 없게 되는 사건들이다.

돈에 대한 것뿐 아니라 이런저런 걱정이나 불안도
우주 공간에서는 저주 같은 것이다.

그도 그럴 것이 우주에는 본래 걱정 따위는 존재하지 않는다. 우주는 사랑과 안심과 신뢰의 공간이기 때문이다. 존재하지 않는 것을 일부러 가져와 걱정을 하고 고민을 한다면 저주와 다를 것이 없다. '걱정'은 이 지구상에서 인간이 자신의 심신을 지키기 위해 이용하는 보호 장비 같은 것이다. 우주에서는 불필요하다.

연애나 부부 관계, 부모 자식 관계, 직장에서의 인간관계도 마찬가지다.

남편에 대해 "이 사람 바람피우고 있는 게 아닐까?" 하고 걱정하고 있으면 '남편이 바람을 피운다'는 주문이 우주로 보내지고, "나는 사랑받지 못하고 있는 것이 아닐까?" 하고 불안해하면 '나는 사랑받지 못한다'는 주문이 우주로 보내지며, "우리 아이는 자립하지 못하는 게 아닐까?" 하는 걱정이야말로 캥거루족을 낳는다.

반대로, 금전운이 좋은 사람, 성공한 사람은 걱정이라는 개념을 가지지 않고 돈과 사랑을 철저하게 신뢰하면서 살아간다.

이것은 성장 과정에서 부모로부터 "무슨 일이 있어도 우리는 너를 믿는다. 네가 하는 일을 최선을 다해 지원해줄게."라는 긍정적인 말과 신뢰를 얻으며 자랐는가 하는 문제와도 관련이 있을 것이다.

그렇지만 자신이 자란 환경이 걱정과 불안 속에 있었다고 해서 평생 거기에 얽매여 있을 필요는 없다. 성인이 된 이후부터의 당신은 자신의 내부에 존재하는 '진정한 나'에 대해 항상 신뢰하는 말을 걸 수 있기 때문이다.

"괜찮아. 나라면 할 수 있어."
"그래, 내가 하고 싶은 대로 해보는 거야."
"나는 무슨 일이 있어도 나 자신을 믿어.
최선을 다해 나 스스로를 지원할 거야."

내가 2억 원의 빚을 9년 만에 변제할 수 있었던 것은 '10년 만에 변제하겠다'고 결심한 뒤 나 자신을 믿고 최선을 다해 노력했기 때문이다.

자기 자신에 대한 신뢰는 자신에게 말을 거는 것에서부터 시작된다.

머니극장

13

'없다'고 하면
없는 것이다

옛날 어느 마을에

틸틸 고이케와 미틸 우주님 남매가 살고 있었다.

어느 날 이웃 마법사가 남매를 찾아와

"딸의 병을 치료하는 데 돈이 필요하니

황금새를 찾아와줘."라고 부탁했다.

그래서 남매는 꿈의 세계로 여행을 떠났다.

다녀오겠습니다.

잘 부탁해~

틸틸 고이케와 미틸 우주님은

꿈의 나라, 미래의 나라에서

황금새를 발견했다.

하지만 손으로 붙잡은 순간

황금새는 금가루로 변하여 사라져버렸다.

크게 실망한 남매는

지친 모습으로 마법사를 찾아가 사과했다.

그러자 마법사는 이렇게 말했다.

"호호호, 사실 황금새는 굳이 붙잡지 않아도

언제든지 생겨나는 거야.

그렇게 믿으렴."

마법사의 말이 끝나자마자

방 안에 수많은 황금새가 나타났다.

"정말이네!"

"황금새가 끝없이 생겨나는 것 같아."

아, 내게도 황금새가 찾아오면 좋겠어.

무슨 말이야, 황금새는 어디에든 존재해.

 네? 제 근처에는 없는데요.

너 바보냐?
'없다'고 말하면 없는 거야!
'있다'고 말해야 있지!

 맞아요. 황금알을 낳는 닭도
어디에든 존재하는데, 대부분의 사람들은
그걸 일반 닭이라고 믿어버린다니까요.

'있다'고 생각하고 확실하게 찾아봐!
이 지구상에서 너의 눈에 들어오는 건 전부
네가 만들어내는 것이니까!
눈에 보이지 않는다고 생각하면
안 보이는 거야! 하지만 눈에 보인다고
생각하면 보인다고!

이미 존재하는
풍요로움을 누려라

《파랑새》라는 동화를 알고 있을 것이다. 가난한 나무꾼의 아이인 틸틸Tyltyl과 미틸Mytyl이라는 남매가 이웃집 할머니로부터 "딸이 병에 걸렸는데 파랑새 좀 찾아와주겠니? 파랑새만 데려오면 우리 딸이 행복해질 텐데…."라는 부탁을 듣고 파랑새를 찾아 여행을 떠나는 이야기다.

돈이 필요하다는 대부분의 사람들은 어쩌면 파랑새를 찾으러 무작정 떠나는 틸틸과 미틸 같은 상태인지도 모른다는 생각이 든다.

틸틸과 미틸은 꿈속의 세계로 여행을 떠난다. 추억의 나라, 행복의 나라, 미래의 나라에서 남매는 파랑새를 발견하지만 그 나라들을 빠져나온 순간, 파랑새는 다른 색깔로 바뀌어버리거나 죽어버려 남매를 크게 낙담시킨다.

그런데 아침이 되어 어머니가 부르는 소리에 남매가 잠에서 깨어보니, 그토록 찾아다녔던 파랑새가 집 안에 있는 게 아닌가. 틸틸이 키우고 있는 새가 파랑새가 되어 있었던 것이다.

행복이 무엇인지 이야기해주는 멋진 동화다.

**돈이 선물하는 풍요롭고 행복한 생활을 그릴 때,
대부분의 사람들은 '어딘가 멀리'에 그것이
존재한다고 생각한다.**

나도 인생이 뜻대로 풀리지 않았을 때에는 그렇게 생각했다. 잔뜩 쌓인 청구서 더미를 무시하고, 오늘 가게를 열 수 있다는 것에 대한 감사도 잊고, 그날 티셔츠 한 장을 구입해준 고객에 대한 기쁨도 잊었다. 어딘가 멀리에 있을, 아직 본 적이 없는 '돈이 풍족한 생활'이나 '행복'을 손에 넣고 싶다는 생각에만 빠져 있었다.

하지만 결국은 내가 지금 소유하고 있는 것, 지금 존재하고 있는 장소에서만 행복을 얻는 첫걸음이 시작될 수 있다는 것을 깨달았다.

지금 소유하고 있는 행복, 가지고 있는 돈,

내가 보유하고 있는 것들로 시선을 돌려보자.

그리고 그것을 최대한 소중하게 여기자.

'이미 존재하는' 그 풍요로움을 한껏 누리고 느껴보는 것
에서부터 풍요로움은 증식된다.

머니극장

14

돈 문제는
덮어두지 마라

담쟁이덩굴이 무성하게 우거진 성의 높은 탑에
아름다운 고이케 공주가 잠들어 있었다.
어느 날 고이케 공주가 어렴풋이
잠에서 깨어나니, 탑에 비가 새고 있었다.
고이케 공주는 못 본 척하고 다시 잠을 청했다.

얼마 뒤, 고이케 공주가

다시 어렴풋이 잠에서 깨어나자

까마귀가 돌멩이를 물어와

성에 쌓는 모습이 보였다.

고이케 공주는 못 본 척하고 다시 잠을 청했다.

그리고 또 얼마 뒤, 역시 고이케 공주가
어렴풋이 잠에서 깨어나자
무성하게 자란 담쟁이덩굴이 창문을
뒤덮고 있는 모습이 보였다.
고이케 공주는 이번에도 못 본 척하고
다시 잠을 청했다.

얼마 뒤, 성은 까마귀가 물어온 돌멩이와

담쟁이덩굴에 완전히 뒤덮이고

여기저기 비까지 새서 스산하게 변했다.

성을 찾아온 왕자는

"이런 곳에는 아무도 살지 않을 거야."라며

발길을 돌려 떠나버렸다.

돈 문제는 덮어놓거나 못 본 척하면 안 돼!

하지만 두렵잖아요.

그런 식으로 덮어놓거나 못 본 척을 하면
문제는 점점 더 커지지.
무엇이든 마찬가지지만 좋든 싫든
하나하나 쌓이는 것들은 어느 날 문득 정신을
차리고 보면 엄청난 크기로 성장해 있거든!

저금통과 같아요. 저금통에 돈을 열심히 모으면
하루하루 그만큼 늘어나지요.
그와 마찬가지로 인생의 과제나 마음의 상처도
무시하고 있으면 점차 커지는 거예요.
문제가 있을 때 확실하게 해결을 해야 해요.

돈 문제는
숨길수록 더 커진다

작은 것들이 계속 쌓이면 반드시 문제가 커진다. 처음에는 10만 원이었던 빚도 계속 쌓이면 2억 원이 된다. 이건 명백한 사실이다.

지구상의 모든 것은 좋든 나쁘든 반드시 쌓인다.

인간이 행동을 축적함으로써 '영혼의 경험치'를

늘리려 하기 때문이다.

인간은 무엇이든 그 자리에서 이루어지는 우주를 떠나 충분히 '행동'할 수 있는 지구로 찾아온 존재다.

따라서 좋든 나쁘든 뭐든 충분히 경험해보고 싶어 한다.

지저분한 방에 살고 있는 사람도 처음에는 쓰레기 하나

를 쓰레기통에 넣지 않은 데서부터 시작되었을 것이다. 국가 자격시험도 처음에는 문제집을 펼치는 것부터 시작된다.

어떤 것이든 최초로 내디딘 첫걸음이 존재한다. 그리고 하나하나 쌓이게 되는데, 좋은 쪽의 축적은 점차 겉으로 드러나 자신을 크게 지원해주는 성질이 있다. 한편, 나쁜 쪽의 축적은 점차 안으로 파고들어 주변 사람들이 깨달았을 때에는 손을 쓸 수 없을 정도의 큰 문제로 나타나는 경우가 많다.

같은 경험치를 쌓는다 해도 긍정적으로 쌓여온 것은 뿌리를 확실하게 내리고 있고, 그 능력이 땅을 뚫고 올라온 파릇파릇한 새싹처럼 태양을 향해 무럭무럭 성장하여 전 세계를 향해 발신된다.

하지만 문제시되는 축적, 즉 도박이나 알코올의존증, 불륜, 빚 등 외부에 드러내고 싶지 않은 문제들은 싹이 외부를 향하여 뻗지 않는다. 게다가 땅속으로 그 뿌리가 깊이 박혀 있어 아무리 뽑으려 해도 뽑히지 않는다. 따라서 시간이 흐르면 혼자 해결하기가 매우 어렵다.

감출 수 없는 것이
우주의 구조다

우주는 존재를 무시당하는 것을 매우 싫어한다. 아니, 절대로 그런 일이 발생할 수 없는 시스템이다. 나아가 현재의 우주는 사랑의 에너지를 강화하면서 확장되고 있기 때문에 존재를 무시당한다는 데에 너그럽지 않다.

그럴 경우, 돈 문제 등을 감추려 하면 우주는 모든 힘을 기울여 "봐, 여기 있잖아."라며 당신이 감추고 있는 것에 빛을 비춘다. 우주는 당신의 우주에 존재하는 모든 것에 빛을 비추고 싶어 하기 때문이다.

아무것도 감출 수 없는 곳, 그곳이 우주다.

나도 "내 빛을 들키고 싶지 않아."라고 생각했던 시기가 있다. 상점을 경영하는 이상, 고객을 상대하며 "사실은 이번 달 매상이 너무 안 좋아서…."라는 식으로 말할 수는 없지 않은가. 그래서 돈을 꽤 잘 버는 척 행동했다. 그리고 이 부분에 대해서는 나는 옳은 선택을 했다고 생각한다. 자기계발 서적 등에서 "부자가 되고 싶다면 부자의 흉내를 내라."는 글을 자주 볼 수 있는데, 이것은 어떤 의미에서 맞는 말이다.

부자의 언행을 흉내 내면 그것이 그대로 우주로 보내는 주문이 되어 우주가 실현을 시켜주기 때문이다.

이렇게 설명하면 의아해하는 분들도 있을 것이다.

"부자 흉내를 내면서 돈이 없다는 사실을 감추고 있는 거잖아! 일만 잘 풀린다면 감추는 일이 있어도 아무런 문제가 안 된다는 거야?"

"감추면 안 된다면서 사실을 감추는 게 맞다니, 대체 무슨 말이야?"

여기에서 무엇이 중요할까?

당신이 소중히 여기는 상대방에게 그것을 감추고 있는가다.

인생의 파트너인 아내에게 불륜을 감추거나, 결혼하려 하는 상대방에게 빚을 감추거나, 거기에 커다란 죄악감을 느끼면서 계속 감추는 것, 이것이 인생을 후퇴시키는 커다란 문제다.

덧붙이자면 나는 현재의 아내와 만난 시점이 빚의 수렁에 빠져 허덕이고 있을 때였다. 하지만 "반드시 갚을 거야! 10년 안에!"라고 결심한 이후여서 엄청난 기세로 금전운이 상승했고, 변제에 부지런히 힘을 쓰고 있던 시절이었다.

변제를 할 수 있다는 전망이 보였기 때문에 '감추어야 한다'는 생각은 해보지도 않았고 "인생을 함께할 수 있는 진정한 배우자를 만나겠다."라고 결심한 상태였기 때문에 모든 것을 밝혔다. 그리고 "결혼은 빚을 모두 갚을 때까지 기다려 줘."라고 말했다.

그러자 아내는 "응? 그때까지 기다려야 되는 거예요?"라고 물었다. 결과적으로 우리는 빚을 모두 갚지 못한 상태에서 결혼을 하게 되었는데, 아내는 나의 빚에 대해서 전혀 걱정하지 않았다.

후일담이지만 '이 사람이라면 충분히 해낼 수 있을 거야.'라고 생각했다고 한다. 만약 내가 빚이 있다는 사실을 숨기고 결혼을 했다면 어떻게 되었을까. …아, 생각하기도 싫다.

밖으로 드러내야
해결 방법도 보인다

지금 가족에게는 비밀로 큰 빚을 지고 있거나, 사실은 실직을 했는데 숨기고 있거나, 도박 때문에 빚이 있거나, 돈과 관련된 문제에 휘말려 있거나, 낭비 때문에 고민하고 있는 사람이 있다면 용기를 내서 '가장 말하고 싶지 않은, 가깝고 소중한 사람'에게 말을 하라고 권하고 싶다.

가족에게 말할 수 없다면 가족이 아닌 빚 정리 전문가나 심리 전문가에게라도 털어놔야 한다. 어쨌든 혼자 끌어안은 채 고민하지 말고 밝혀야 한다.

**가슴속에 숨겨둔 이야기를 밝히는 순간 그 문제는
당신의 우주에서 사라진다.**

모든 것이 '숨기려는' 방향에서 '해결하려는' 방향으로 바뀌기 때문이다.

드러내면 주변 사람들의 힘이 자연스럽게 당신에게 모아지고 당신을 도와주는 '조력자'들이 나타날 것이다.

"하지만 그런 사실을 밝혔다가 이미지만 나빠질 수도 있지 않겠습니까?"

그럴 수도 있다. 아니, 실제로 그런 결과가 나오는 경우도 있다. 하지만 혼자 문제를 끌어안고 있을 때에는 빛이 전혀 보이지 않는다.

나도 빚 때문에 고민을 해보았기 때문에 잘 알고 있다. 어둠 속에 계속 혼자 앉아 있는 상태이기 때문에 시야는 좁아지고 생각도 위축되어 '해결할 수 있는 가능성'을 스스로 포기해버리는 것과 비슷한 상태다. 따라서 누군가에게 밝혀야 한다. 2억 원의 빚조차 어떻게든 해결이 되었으니까 당신의 금전 문제도 당연히 해결될 것이다.

머니극장

15

돈 문제는
알고 보면
돈 문제가 아니다

할아버지, 할머니가 사는 집에

성격이 고약한 고이케 너구리가 찾아와

마당을 차지하고 살았다.

고이케 너구리는 채소밭을 난장판으로 만들고

할아버지, 할머니가 심어놓은 고구마를 캐 먹었다.

어느 날 우주토끼님이 고약한 고이케 너구리를
혼내주러 찾아왔다.
우주토끼님은 돈을 많이 벌 수 있다면서
고이케 너구리에게 땔감을 하게 했다.
그런 뒤 고이케 너구리가 짊어진 땔감에
부싯돌을 이용해서 불을 붙였다.

등에 짊어진 땔감에 불이 붙은 사실을 깨달은

고이케 너구리는 크게 당황해서 소리쳤다.

"잘못했어요! 사실은 피해를 주려고 한 게 아니라

너무 외로워서 그랬던 거예요!"

"그럼 진작 그렇다고 말했어야지!

말썽이나 일으키고 이제 와서 무슨 말이야?"

엉엉!

그 뒤 고이케 너구리는

할아버지와 할머니에게 사과하고

두 분의 일을 도와드리며

함께 즐겁게 살았다.

조송합니다!

잘 들어.
돈 문제라고 생각하고 있었던
일은 대부분 허상이야!

네? 허상이요? 그게 무슨 말이죠?

그러니까 사람들 대부분은
돈 때문에 행복해질 수 없다고 생각하지만
사실은 그 반대예요. 행복을 멀어지게
만드는 이유가 따로 있고, 그것이 결국 돈도
거절하고 있는 것이지요.
그 관점으로 보면 진정한 문제가
무엇인지 보일 거예요.

그렇지. 돈이 없기 때문에 할 수 없다,
돈 때문에 고통스럽다고 생각하고 있는
문제의 실체는 따로 있어.
실제로는 '행복해져서는 안 돼.'라는 식의
부정적인 주문이 이루어지도록
돈을 이용해서 방해하고 있는 것뿐이야!

돈 문제에 감추어진
진정한 문제를 찾아내라

나의 본업은 파워스톤 팔찌 판매업자다. 오리지널 파워스톤 팔찌를 제작할 때는 주문한 사람의 에너지를 살피고 오링테스트O-ring Test를 거친 뒤, 그 사람에게 맞는 파워스톤을 선택한다. 이때 자주 발생하는 일이 있다. 빚에 관한 고민이나 돈과 관련된 문제, 돈이 들어오지 않아 고민하는 대부분의 사람들에게 사실은 금전운이 향상되는 파워스톤은 필요하지 않다는 것이다. 그 사람의 에너지를 보면 진정한 문제는 돈이 아닌 경우가 많다는 뜻이다.

지금은 개별적인 카운슬링은 하지 않고 있지만 전에는 팔찌를 만들면서 고객의 잠재의식을 읽거나 카운슬링을 했다.

어떤 40대 여성이 상담을 하러 왔을 때의 일이다.

"왠지 돈이 모이지 않은 것 같고 어디에 쓴 것인지 전혀 기억나지 않는 신용카드 결제 금액들이 있는가 싶더니 어느 틈에 1,500만 원의 빚을 지게 되었어요. 제게는 심리 카운슬러가 되고 싶다는 꿈이 있는데 그걸 배우러 가기 위한 돈은 커녕 빚도 제대로 변제하지 못해 매달 연체가 되고 있는 상태예요. 결혼도 하고 싶지만 결혼상담소에 등록할 비용도 없어서….'"

그래서 이렇게 물어보았다.

"그 때문에(돈이 없다는 점 때문에) 어떤 기분이 듭니까?"

"제가 하고 싶은 걸 하지 못하도록 차단당한 듯한 느낌이 들어요."

거기에서 뭔가 감지가 되었다. 그래서 이렇게 말했다.

"고객님의 문제는 돈 문제가 아닌 것 같습니다."

실제로 오링테스트를 해보자 그녀의 에너지가 원하는 것은 가족 간의 유대를 심화시켜주는 돌이나 연애운을 향상시켜주는 돌이었다. 더 깊이 이야기를 들어보니 그녀는 어머니와의 관계 때문에 오랜 세월 고민해왔다고 했다. 어머니와는 주종 관계 같아서 어머니가 말하는 대로 살아왔다는 것이다. 어머니의 마음에 드는 사람이 아니면 교제도 할 수 없었고,

그 결과 지금까지 누군가를 제대로 사귀어본 적이 없어 매우 고독해한다는 사실을 알 수 있었다.

돈이 없다는 문제에 맞닥뜨렸을 때, 사람들 대부분은 '내게 존재하는 돈과 관련된 트라우마는 무엇일까?'라는 식으로 돈 문제만을 생각하지만 근본적인 문제가 반드시 거기에 있다고 단정 지을 수는 없다.

이 여성의 경우에는 어머니가 시키는 대로 살 수밖에 없었던, 자신의 생각대로 살아서는 안 된다는 심리적 장벽이 있었다. 그런데 여기에 돈 문제를 개입시키는 형식으로 자신이 하고 싶은 일을 할 수 없도록 만들고 있었다.

해결해야 할 진정한 문제는 돈이 아닌 다른 곳에 있지만, 돈을 개입시켜 현실적으로 어렵게 만듦으로써 스스로가 마치 돈 때문에 원하는 것을 하지 못하는 것처럼 인식하는 경우는 많이 있다.

낭비와 중독이 보여준
마음의 슬픔

사랑받고 싶었지만 사랑받을 수 없었던 과거나 마음에 뚫린 커다란 상처가 있으면 낭비로 보상받으려는 사람이 있다. 이것은 섭식장애나 도박, 알코올의존증 등도 마찬가지다. 그 틈새에 무엇인가를 채워넣고 싶은, 즉 구멍을 메우려는 충동이다.

하지만 진정한 의미에서 마음의 상처가 메워지지는 않기 때문에 이 낭비는 계속 이어진다. 성장한 가정환경이 안전하지 않았던 경우는 특히 도박이나 섹스 등의 강한 자극을 얻어야만 살아 있다고 느끼게 되거나 반대로 술을 마시는 것으로 감각을 마비시켜 상처받은 민감한 마음을 지키려 하는 경우도 있다.

이런 경우에 그 사람의 존재는 주변까지 위협하는 문제아처럼 보이지만 사실은 누구보다 가정의 평화를 원하고, 가족을 생각하며 마음 아파했던 어린 마음이 그대로 방치되어 있는 경우가 많다. 연애 의존증도 유소년기에 사랑을 받지 못했던 어린 마음이 부모의 사랑을 어떻게든 되찾으려 하는 행동의 결과로 나타나기도 한다.

손에 넣지 못할지도 모른다는 불안감은 커지고, 그것은 죽음까지 생각하는 강한 감정으로 발전한다. 그 감정을 해소하지 못한 채 성인이 되는 경우, 자신의 행동을 스스로 컨트롤하지 못하는 경향이 생긴다.

어린아이에게 있어서 부모의 사랑, 부모의 존재는 자신의 목숨을 보장하는 소중한 것이다. 그것을 잃는다는 위기감은 죽을지도 모른다는 공포심과 같다.

일단 손에 넣은 사랑을 믿을 수 없어 상대방을 시험하는 것도 "아빠, 엄마는 정말 나를 버리지 않을까?"라는 식으로 상대방에게 부모를 대입시켜 생각하기 때문이다.

하지만 지금 보고 있는 상대는 실제 부모가 아니기 때문에 연인이 다른 사람을 자신에게 대입시켜 의심하고 확인하는 데에 지쳐 결국 떠나버린다. 그러면 당사자는 더욱 공포

심에 사로잡혀 엄마에게 매달리는 어린아이처럼 상대방에게 집착하는 사태가 발생한다.

낭비, 도박, 음주, 연애 등의 의존증은 근본을 거슬러 올라가면 모두 애정결핍을 채워 살아남으려 하는 어린아이의 필사적인 몸부림인 경우가 많다.

만약 당신의 내부에 채워지지 않은 외로움이나 스스로도 어쩔 수 없는 충동이 있다면 가장 먼저 해야 할 일은 스스로를 원망하는 행동은 하지 말라는 것이다.

당신은 그로 인해 지금까지 살아온 것이다.

당신이 당신에게 할 수 있는 말은 "나는 왜 변하지 않는 것일까?", "나는 안 돼."가 아니라 "지금까지 정말 잘 버텨주었어. 고마워."이다.

돈과 새로운
관계를 맺어라

금전운이 좋은 사람은 돈 이상으로 자신의 인생을 소중하게 여긴다는 이야기를 이 책 앞부분에 썼다. 이 책을 통해서 당신의 '인생님'과 '돈님'이 함께하는 계기가 되었다면 정말 고마운 일이다.

나는 늘 우리에게는 각자의 우주가 있고 그 우주의 창조주는 자기 자신이라는 사실을 아는 것으로 모든 제한에서 해방되고, 자신이 생각하고 바라는 대로 풍요로움을 얻을 수 있다고 전하고 있다. 그리고 마지막에 또 한 가지 강조하는 것이 있다.

아무리 노력해도 풍요로움의 혜택을 받지 못하고 있다는

생각에 사로잡혀 있을 때, 자신의 집안에 흐르고 있는 돈의 에너지에 대해서 생각해보라는 제안이다.

"나는 풍요롭다."

"나는 풍요로움의 혜택을 받지 못하고 있다."

돈에 대한 이런 생각은 당신의 주문 이전에

'집안에 존재하는 돈에 대한 저주'에 뿌리를 두고 있다.

당신의 부모나 조부모, 증조부모나 그 이전, 선조들이 돈을 상대하는 방식이 당신 안에 '돈에 대한 전제'를 심어놓았을지도 모른다. 저주라고 하면 좀 오싹한 느낌이 들지만 '돈은 ○○다'라는 개념은 뜻밖으로 DNA처럼 이어져 내려오는 경우가 있다.

나는 카운슬링을 하는 도중에 집안이 가지고 있는 트라우마를 정돈하는 심리요법을 도입하는 경우가 있는데, 집안에 존재하는 다양한 트라우마 중에서도 '돈'의 존재는 매우 강한 힘을 가지고 있다.

돈이 순환하려면 '기브 앤드 테이크'의 균형이 매우 중요하다. 이것이 무너져 누군가가 일방적으로 착취를 하거나 그 흐름이 정체되는 일이 발생하면 거기에는 왜곡이 발생한다.

그리고 당신에게 DNA를 연결해준 긴 역사 속에서 발생한, 돈에 얽힌 비극적인 사건이나 개념을 정돈하기 위해 당신을 움직이려 하는 힘이 발생한다.

예를 들면 과거에 대대로 이어져온 지주 집안의 흐름 속에 당신이 존재한다고 치자.

그 옛날 당신의 선조는 소작인을 터무니없이 낮은 임금으로 고용했고, 소작인의 가족들은 굶주림 때문에 고통을 받았다. 그러자 풍요로움의 에너지가 올바른 순환을 하기 위해 당신의 선조 세대에서 착취를 한 풍요로움을 당신의 우주 안에서 환원하려 하는 경우가 있다.

그럴 경우, "내가 번 돈은 모두 나의 선조의 잘못된 빚을 갚는 데에 쓰겠다."라고 말이라도 한 것처럼 돈이 아무리 많이 들어와도 어느 틈엔가 당신의 수중에서 모두 사라져버리는 일이 발생한다.

반대로 당신의 선조가 소작인들을 소중하게 대하고 성과를 함께 나누며 그들의 가족으로부터 존경과 감사를 받았다고 하자. 돈의 에너지는 이 순환을 매우 기뻐하기 때문에 당신은 자연스럽게 풍요로움이 순환하는 흐름 속에 살게 된다. 다시 말해 "왠지 모르지만 늘 돈이 들어와."라는 식으로 돈에 대해 확신과 신뢰를 품으면서 돈 때문에 고민하는 일 없이 살아갈 수 있다.

이것은 자신의 사고로는 계측할 수 없는, '왠지 그런 느낌이 든다'는 감각이 알려준다.

만약 지금까지의 인생에서 트라우마가 될 듯한 부정적인 사건이 없었는데도 불구하고 "내게는 돈을 가질 자격이 없어.", "왠지 모르지만 내가 버는 돈은 모두 사라져버려."라는 패턴이 되풀이된다면 자신의 집안을 돌아보고 거기에 있었던 가족의 역사를 재조명해보자.

그리고 집안에서 돈과의 관계성이 왜곡되어 있다는 사실을 발견하게 된다면 선조들에게 두 손을 모으고 이렇게 선언하자.

"저는 이제 돈에 얽힌 집안의 인연을 모두 버리겠습니다. 저와 돈의 관계는 앞으로 원만하고 행복한 관계로 바뀔 것입니다."

내가 앞쪽에서 언급한 "앞으로는 돈의 시대가 펼쳐진다."라는 말의 의미는 지금까지 당신이 살아온 인생의 풍요로움이나 돈과의 관계 방식, 그리고 당신 집안의 풍요로움이나 돈과의 관계를 재조명해보아야 하는 시대라는 뜻이다.

새로운 돈의 시대는 물질의 시대가 끝나고 가치관을 재구축해가는 시대다.

나는 나를 고통스럽게 만드는 존재로서의 '돈님'을 버리고 늘 나와 함께 웃음을 잃지 않는 '돈님'과의 관계를 손에 넣었다. 매일 '돈님'을 웃게 하면서 나도 웃음을 잃지 않고 있다. 그야말로 최고의 나날이다.

당신은 돈에 어떤 의미를 부여하고 있으며 '어떤 교류를 도모하고 있고' 어떻게 그 흐름을 만들어가고 있는가? 당신의 새로운 '돈님'과의 이야기는 지금 이 순간부터 시작된다!

에필로그

"좋아, 리허설 완료! 그런대로 재미있는 무대가 되었어."
라고 말하는 우주님.
"즐거웠어요. 보세요, 돈님들도 기뻐하잖아요."
부탄의 목소리가 풍요로움이 무한대로 넘치는 우주에 울려
퍼진다.
정신을 차려보니 작고 수수한 극장 주변에는 돈님들과
황금색 용들이 모여 있다. 모두 즐거운 듯 웃고 있다.
"좋아, 그럼 본격적으로 실행하기 위해 하와이의
모래사장으로 돌아갈까?"
우주님이 그렇게 말한 순간, 나는 부탄의 구멍을 빠져나와
모래사장으로 돌아와 있었다.

때는 저녁 무렵, 아름다운 하와이의 바다가 눈앞에 펼쳐지고
파도 소리가 울려 퍼진다.
문득 어린 시절에 가지고 있던 작은 돼지저금통이 떠올랐다.
그것은 크리스마스에 어머니가 선물해준 저금통이었다.
그것을 손에 들었을 때 우주로부터 메시지를 받았던 기억이
선명하게 되살아났다.

"저금통은 저금통이 아니다.
무한대의 우주와 연결되는 장치다.
너의 행복을 바라고 주변의 행복을 바라며
풍요로움을 불러들여라.
그리고 돈을 활짝 웃게 해라.
그렇게 하면 모든 것이 주어질 것이다."

그것은 우주님의 목소리 같기도 하고, 하늘에서 들려오는
목소리 같기도 한, 묘한 목소리였다. 그날부터 나는
저금통에 열심히 동전을 집어넣으면서 이렇게 중얼거렸다.

"돈님, 돈님, 나의 우주를 무한대의 풍요로움으로
감싸주세요. 우리 가족을 행복하게 해주세요."

아, 나는 그 시절 이미 부탄을 만났던 것이다.
어린 시절에는 순수하게 우주에 소원을 주문했는데, 어느
틈엔가 그 마음을 잊고 고통을 선택했다는 사실을 나는
그제야 깨달았다.

어른이 된 이후 사업으로 인해 짊어진 2억 원의 빚은 정말 지옥 같은 체험이었지만 어린 시절처럼 순수하게 돈의 힘을 믿는 마음을 되찾았을 때, 모든 것은 풍요로움으로 바뀌었다.

"머니 극장으로 연극을 보러 오는 모든 분들이 순수하게 돈의 무한함을 깨달아주면 좋겠어요. 우리는 고통을 체험하러 지구에 온 것이 아니라 풍요로움을 마음껏 체험하기 위해 지구에 온 것이니까요."

내가 조용히 중얼거리자 부탄의 목소리가 들렸다.

"그래요. 풍요로움이 무한대로 존재하는 우리의 우주와 인간의 우주는 항상 연결되어 있으니까요."

후기 ———

끝까지 읽어주어서 진심으로 고맙다는 말을 전하고 싶다!
머니 극장 집필 작업은 너무 재미있어서 순식간에 끝나버린
듯한 느낌이 든다. 내가 전하고 싶었던 돈과 관련된
이런저런 이야기를 옛날이야기에 비유하거나 사람들의 삶에
비유하는 등… 이번에도 정말 재미있는 책이 완성되었다!
아이디어를 형태화시켜준 선마크출판사의 하시구치
하나에橋口英惠 씨, 구성을 도와준 마루MARU 씨, 머니
극장을 이해하기 쉽게 드라마틱한 그림으로 표현해준
아베 나오미ア베ナオミ 씨, 그 밖에 늘 나를 지원해주신 모든
분들께 감사를 드린다.
그리고 소중한 당신의 돈님이 이 책의 '주인공'이 되었다!
당신의 돈님이 "고이케의 책에 주인공으로 등장하다니
기분 좋아!"라고 말할 수 있도록 이 책을 구성 내용 그대로
활용하고 즐겨주기 바란다. 돈님을 즐겁게 하고 웃게 하고
놀라게 하면 다른 돈님들도 당신의 우주에 머무르고 싶어
계속 모여들 것이다.
빚의 지옥을 경험한 나이기 때문에 전할 수 있는 내용이

있을지도 모른다는 생각에 쓴 책이다. 내가 전하고 싶었던 핵심 내용은 돈을 둘러싼 체험은 본래 매우 멋진, 가슴 설레는 것이라는 점이다. 돈을 수중에 넣는 것도 그렇고 돈을 지불하는 것도 그렇다.

당신의 돈을 이해하고, 돈을 발견하고, 감사를 전하고, 기쁘게 사용하길 바란다. 그렇게 할 수 있다면 지금 이 순간부터 당신의 금전운이 완전히 바뀔 것이다.

돈님들과 함께 지구에서 마음껏 즐기며 살자!

고이케의 머니 극장은 여기에서 일단 막을 내리지만 당신의 머니 극장은 지금부터 시작이다.

자! 새로운 우주를 향하여 전원 집합!

숲의 도시 센다이仙台에서
고이케 히로시

2억 빚을 진 내게
우주님이 가르쳐준
돈 사용설명서
돈을 웃게 하라!

초판 1쇄 발행 2022년 2월 10일
초판 2쇄 발행 2022년 9월 30일

지은이 | 고이케 히로시
그린이 | 아베 나오미
옮긴이 | 이정환
펴낸이 | 한순 이희섭
펴낸곳 | (주)도서출판 나무생각
편집 | 양미애 백모란
디자인 | 박민선
마케팅 | 이재석
출판등록 | 1999년 8월 19일 제1999-000112호
주소 | 서울특별시 마포구 월드컵로 70-4(서교동) 1F
전화 | 02)334-3339, 3308, 3361
팩스 | 02)334-3318
이메일 | namubook39@naver.com
홈페이지 | www.namubook.co.kr
블로그 | blog.naver.com/tree3339

ISBN 979-11-6218-187-4 03190